职业教育汽车类专业规划教材

汽车认识与使用

钱强 主编

荆旭龙 赵益清 副主编

清华大学出版社

北京

内容简介

本书主要内容包括汽车的整体认识、发动机的认识与使用、传动系统的认识与使用、转向系统的认识与使用、制动系统的认识与使用、轮胎的认识与使用、空调系统的认识与使用、仪表与灯光的认识与使用、车身电气附属设备的认识与使用9个模块和相应的实训项目作业单。

本书可作为高职高专院校、中等职业学校、技工学校的教材，也可作为企业培训教材，并可供广大汽车专业的从业人员和汽车爱好者参考。

本书封面贴有清华大学出版社防伪标签，无标签者不得销售。
版权所有，侵权必究。举报：010-62782989，beiqinquan@tup.tsinghua.edu.cn。

图书在版编目（CIP）数据

汽车认识与使用/钱强主编. --北京：清华大学出版社，2015（2023.8重印）
职业教育汽车类专业规划教材
ISBN 978-7-302-40530-6

Ⅰ. ①汽… Ⅱ. ①钱… Ⅲ. ①汽车－高等职业教育－教材 Ⅳ. ①U46

中国版本图书馆 CIP 数据核字（2015）第 166900 号

责任编辑：刘翰鹏
封面设计：常雪影
责任校对：袁　芳
责任印制：丛怀宇

出版发行：清华大学出版社
　　网　　址：http://www.tup.com.cn，http://www.wqbook.com
　　地　　址：北京清华大学学研大厦 A 座　　　　邮　编：100084
　　社 总 机：010-83470000　　　　　　　　　　邮　购：010-62786544
　　投稿与读者服务：010-62776969，c-service@tup.tsinghua.edu.cn
　　质量反馈：010-62772015，zhiliang@tup.tsinghua.edu.cn
印 装 者：三河市君旺印务有限公司
经　　销：全国新华书店
开　　本：185mm×260mm　　　印　张：16.5　　　字　数：374 千字
版　　次：2015 年 9 月第 1 版　　　　　　　　印　次：2023 年 8 月第 9 次印刷
定　　价：45.00 元

产品编号：065010-02

职业教育汽车类专业规划教材
专家委员会

顾问

陈晓明（中国机械工业教育发展中心主任、教育部全国机械职业教育教学指导委员会副主
　　任兼秘书长）

专家委员会主任

吴培华（清华大学出版社总编辑、编审）

专家委员会委员

李双寿（清华大学教授、清华大学基础工业训练中心主任）

张执玉（清华大学汽车工程系教授）

王登峰（吉林大学汽车学院教授、博士生导师）

刘　洋（广汇汽车服务股份公司人力资源部总经理）

李春明（长春汽车工业高等专科学校副校长、教授）

陈博玮（上汽大众VW服务技术培训部经理）

白小璎（上海通用汽车市场营销部网络发展与管理经销商培训特殊项目经理）

楼建伟（中锐教育集团总经理助理、教育部全国机械职业教育教学指导委员会产教合作促
　　进与指导委员会秘书长）

职业教育汽车类专业规划教材
编审委员会

编审委员会主任

周肖兴(中锐教育集团董事总经理、教育部全国机械职业教育教学指导委员会产教合作促进与指导委员会主任委员)

编审委员会副主任

夏令伟(中锐教育集团研究院副院长、无锡南洋职业技术学院汽车工程与管理学院院长、教授)

丁　岭(清华大学出版社职业教育分社社长、编审)

韩亚兰(中锐教育集团华汽事业部总经理)

钱　强(无锡南洋职业技术学院汽车工程与管理学院副院长、副教授)

编　委(按姓氏拼音字母排列,排名不分先后)

陈　荷　陈光忠　戴　华　丁雪涛　高培金　韩玉科　贾清华　荆旭龙　康　华
李　权　梁建和　刘佳霓　龙　超　鲁学柱　钱泉森　王金华　王晓峰　魏春雷
席振鹏　肖　翔　徐景山　薛　森　杨运来　于得江　张　芳　章俊成　赵成龙
周有源

执行编委

朱　莉

编　辑

刘士平　帅志清　刘翰鹏　王剑乔

序

汽车业是国民经济的重要支柱产业之一。汽车工业是生产各种汽车主机及部分零配件或进行装配的工业部门。中国汽车制造业增势迅猛,2009年国内汽车销量突破1300万辆,超越美国成为全球最大的汽车市场。2014年,国内汽车年产销2200万辆。汽车是高科技的综合体,并且随着汽车工业的不断发展,新技术、新材料、新工艺、新车型不断涌现,给人们带来丰富多彩的汽车文化的同时,也给汽车从业人员和汽车专业的教学提出了新的挑战。

汽车后市场是指汽车销售以后,围绕汽车使用过程中的各种服务,涵盖了消费者买车后所需要的一切服务。商务部公布的汽车授权销售商已经突破9万个,其中24000家4S店;国内拥有600余家新车交易市场或汽车园区,拥有800余家二手车交易市场,拥有1000余家汽车配件和汽车用品市场。汽车后市场的繁荣形成了巨大的高技能人才需求。

职教领域汽车专业是随着汽车工业不断发展而衍生出来的一个专门服务于这个行业的专业系,主要包括汽车服务工程、汽车销售与评估、汽车检测与维修、汽车商务管理等学科,基本涵盖了汽车行业研发、制造、销售、售后服务等过程。目前一些职业院校人才培养还不能够适应行业发展需要,成为阻碍汽车行业发展的一个至关重要的问题。如何能够协调好行业发展与人才培养问题,需要切实解决在职业教育中汽车专业所需要面对的问题方法,从教学观念着手,切实改进教育方法,注重学生实际操作能力要求,加强学生实际工作能力,加强师资队伍建设,加强与企业的深度融合。

中锐教育集团与上海通用、上海大众、一汽奥迪、广汽本田、中国汽车流通协会以及国内众多的汽车经销商集团合作,学习并吸收国外先进的职业教育经验和人才培养模式,引入汽车主机厂的员工培训模式与方法,和清华大学出版社联合推出此系列规划教材。教材针对当前汽车产业所采用的大量新技术、汽车检测新技术和新设备的升级更新,针对汽车行业与企业对人才需求的新标准和新要求,针对学生今后就业岗位的职业岗位能力要求和职业素养要求,正满足汽车专业职业教育产教融合的需要。

随着国家提出创新驱动的战略,未来汽车行业对于技能型人才的需求还将继续扩大,同时国家正在致力推动汽车职业教育的转型升级,汽车行业职业教育面临着机遇和挑战并存的现状。希望通过双方共同的努力,逐步建立整套汽车专业设置的解决方案,完善汽车职业教育与汽车行业企业人才需求、课程内容与汽车职业标准,培养满足未来汽车行业要求的技能型人才。

写于清华园

2014 年 12 月

自 序

职业教育培养的是技术技能型人才,为工业化转型和经济发展升级换代提供人力资源保障,发展职业教育是提升综合国力和核心竞争力的重要措施和手段,是实现中国梦的重要支撑。职业教育是现代国民教育体系的重要组成部分,在实施科教兴国和人才强国战略中具有重要的作用。党中央、国务院高度重视发展职业教育,《国家中长期教育改革和发展规划纲要(2010—2020)》和《现代职业教育体系建设规划(2014—2020)》等文件都强调要大力发展职业教育,明确未来要让职业学校的专业设置、教学标准和内容更加符合行业、企业岗位的要求。

中锐教育集团创始于1996年,是中锐控股集团旗下的主要成员,总部位于上海,是中国领先的职业教育投资商和服务商,经过多年的不懈努力,形成了涵盖基础教育、高等教育、国际教育、职业教育与企业培训的集团化教育课程体系,是目前国内教育业务范围最广、投资规模最大的教育集团之一。

2006年,中锐教育集团响应国家大力发展职业教育的号召,认真贯彻落实国家教育改革与发展纲要精髓,积极推动汽车制造和服务类专业改革与创新,力争教育教学质量和人才培养指标提升,为行业提供高素质人才。集团以汽车职业教育为龙头,创立"华汽教育"品牌,积极引进国外优质教育资源、课程体系、师资力量以及考试认证体系,整合行业资源,成功开发了符合中国国情、拥有自主知识产权的汽车职业教育课程体系。中锐教育集团把优化专业结构、创新人才培养模式、加强专业内涵建设和课程体系建设作为教育教学改革的重点核心任务,积极组织研发教材,旨在提高教育教学质量和办学水平。

近年来,中锐教育集团坚持教育改革,探索和建立完善的教学体系,围绕学生就业核心岗位的工作领域构建人才培养方案,形成公共教学平台、专业基础平台、专业模块加专业拓展平台的课程体系;针对专业所面向的行业(产业)与岗位群,以岗位通用技能与专门技能训练为基础,系统设计满足专业共性需求与专门化(或个性化)需求、校内校外相结合的实训体系;围绕专业人才培养方案,以培养职业岗位能力和提高职业素养为重点,在校企之间搭建信息化平台,将企业资源引入教学中,建设开放式的专业教学支持系统,创建先进的数字化学习空间,实现信息化教学资源在专业内的广泛共享。

中锐教育集团不断改革与完善课程结构,自 2007 年以来,开发了华汽 1.0 版本、2.0 版本和 3.0 版本的教材。在前三个版本基础上开发了 4.0 版本教材。4.0 版本教材针对现代汽车上采用了大量的新技术、汽车检测新技术、新设备的升级更新,针对汽车行业与企业对人才需求的新标准与新要求,针对学生今后就业岗位的职业岗位能力要求和职业素养要求,教材建设要体现思路新、内容新、题材新。中锐教育集团积极与上海通用、上海大众、一汽奥迪、广汽本田和全国机械职业教育教学指导委员会、机械工业教育发展中心、中国汽车流通协会,以及与全国众多的汽车经销商集团合作,学习吸收国外先进的职业教育先进经验和人才培养模式与方法,引入汽车主机厂的员工培训模式与方法,将岗前培训的要求与内容引入课程中,将职业岗位能力要求嵌入课程,课程建设始终贯彻建立以服务地方经济为目标,以学生就业为导向,加强职业素质训导,强化职业道德教育,强化任务驱动、项目导向"教—学—做"一体化的教学模式。

为了适应教学改革的需要,积极发展信息化教学。4.0 版教材有纸质版与电子版两种版本,纸质版教材多数采用彩色印刷,图文并茂,更符合高职高专学生的学习要求。中锐教育集团积极开发 O2O 在线教学与管理平台,将电子版教材放入"电子书包"中,同时与微课、微视频、操作技能培训视频、错误操作纠错视频、原理动画等相配套。与教学互动、在线考试相结合,充分利用信息化教学平台,激发学生的学习积极性和主观能动性,提高教学质量,提高职业岗位能力的培养。

本丛书组建了高等院校、高等职业技术学院、汽车工程学术组织、汽车技术研究机构、汽车生产企业、汽车经销商服务企业、汽车维修行业协会、汽车流通行业协会及汽车职业技能培训机构等各方人士相结合的教材编审委员会,以保证教材质量。

真诚地希望本丛书的出版能对我国的职业教育和技能培训有所裨益,热切期待广大读者提出宝贵意见和建议,使教材更臻完善。

2014 年 12 月

前　言

　　随着汽车工业的迅猛发展，汽车产量的不断增加。汽车在人们的生活中已不再陌生，对汽车的认识和使用方法越来越受到人们的关注。国内外各大汽车生产厂商在激烈的竞争中分化重组，新技术和新结构不断涌现，教学模式、教学内容及学生的学习方式也随之发生变化，为了适应新形势下的教学需求，为了培养高职院校汽车专业学生的汽车认识与使用的技能，中锐教育集团特组织具有丰富教学经验的专业教师和汽车行业专家编写此教材，并针对各院校对认识和使用汽车的实训设备的配置可行性，编写了可行性较高的实训项目作业单，以便为后续课程打下坚实的基础。

　　本书以理论与实践相结合为出发点，以能力为本，以必需、实用为度。运用了大量的实物和操作演示照片，使学生能够非常直观地认识汽车各系统的组成和辨认出各零部件的外观和所处位置。另外，本书突出实训操作指导，规范学生的操作，培养学生自主学习和综合分析问题的能力。本书内容实用简洁，具有很强的可操作性，可以作为教师教学的实训指导和备课参考资料，又可以作为学生或汽车爱好者的自学教材。

　　本书由无锡南洋职业技术学院钱强担任主编并编写模块1、2、6，荆旭龙担任副主编并编写模块3、4、5，赵益清担任副主编并编写模块7、8、9，夏未奇担任主审。

　　本书在编写中参阅了大量的文献资料，在此对其作者表示衷心的感谢。

　　由于编者水平有限，书中如有不妥之处，恳请广大读者朋友批评、指正。

编　者

2015年6月

目 录

模块 1 汽车的整体认识 <<<1

1.1 汽车的发展 ………………………………………………………… 3
   1.1.1 汽车的诞生 ……………………………………………… 3
   1.1.2 世界汽车工业的发展 …………………………………… 5
   1.1.3 中国汽车工业的发展 …………………………………… 8
1.2 汽车的分类 ……………………………………………………… 11
   1.2.1 根据汽车的结构分类 …………………………………… 11
   1.2.2 根据汽车的用途分类 …………………………………… 12
   1.2.3 根据汽车分类标准分类 ………………………………… 13
1.3 汽车的分级 ……………………………………………………… 19
   1.3.1 按排量分级 ……………………………………………… 19
   1.3.2 按轴距分级 ……………………………………………… 21
   1.3.3 按综合因素分级 ………………………………………… 22
1.4 汽车的品牌 ……………………………………………………… 22
1.5 汽车的组成 ……………………………………………………… 25
1.6 技能实训：识别与查找汽车的 VIN 码 ………………………… 26
练习与思考 …………………………………………………………… 30
作业单 1-1 汽车的分类 …………………………………………… 32
作业单 1-2 汽车的分级 …………………………………………… 35
作业单 1-3 汽车的组成 …………………………………………… 36
作业单 1-4 识别与查找汽车的 VIN 码 …………………………… 38

模块 2 发动机的认识与使用 <<<41

2.1 发动机的类型与工作原理 ……………………………………… 43
   2.1.1 发动机的作用 …………………………………………… 43
   2.1.2 发动机的类型 …………………………………………… 43
   2.1.3 发动机的基本工作原理 ………………………………… 44
2.2 发动机的组成与结构 …………………………………………… 48
   2.2.1 曲柄连杆机构 …………………………………………… 48

2.2.2　配气机构 …………………………………………………… 49
　　　2.2.3　燃料供给系统 ………………………………………………… 52
　　　2.2.4　润滑系统 …………………………………………………… 54
　　　2.2.5　冷却系统 …………………………………………………… 56
　　　2.2.6　点火系统 …………………………………………………… 58
　　　2.2.7　起动系统 …………………………………………………… 61
　2.3　发动机电控系统的认识
　　　2.3.1　发动机电控系统的组成 ……………………………………… 62
　　　2.3.2　发动机电控系统的主要部件 ………………………………… 62
　2.4　技能实训：发动机的起动和熄火 …………………………………… 70
　2.5　技能实训：选用与添加发动机燃油 ………………………………… 72
　2.6　技能实训：选用与检查发动机润滑油 ……………………………… 75
　2.7　技能实训：选用与检查发动机冷却液 ……………………………… 78
　练习与思考 …………………………………………………………………… 80
　作业单 2-1　认识发动机主要部件的结构 ……………………………… 82
　作业单 2-2　发动机运行操作及油液的识别 …………………………… 86

模块 3　传动系统的认识与使用　<<<87

　3.1　离合器的认识与使用 ……………………………………………… 89
　　　3.1.1　离合器的功用 ……………………………………………… 89
　　　3.1.2　离合器的类型 ……………………………………………… 89
　　　3.1.3　离合器的主要工作部件 …………………………………… 90
　　　3.1.4　离合器的工作过程 ………………………………………… 90
　　　3.1.5　离合器的正确操作方法 …………………………………… 91
　3.2　手动变速器的认识与使用 ………………………………………… 92
　　　3.2.1　手动变速器的功用 ………………………………………… 92
　　　3.2.2　手动变速器的结构 ………………………………………… 93
　　　3.2.3　手动变速器的挡位 ………………………………………… 93
　　　3.2.4　同步器 ……………………………………………………… 94
　　　3.2.5　手动变速器的操作注意事项 ……………………………… 95
　3.3　自动变速器的认识与使用 ………………………………………… 96
　　　3.3.1　自动变速器的功用 ………………………………………… 96
　　　3.3.2　自动变速器的种类 ………………………………………… 96
　　　3.3.3　自动变速器制造商及铭牌的识别 ………………………… 97
　　　3.3.4　自动变速器的型号 ………………………………………… 98
　　　3.3.5　自动变速器的挡位 ………………………………………… 98
　3.4　技能实训：认识传动系统主要部件的安装位置 …………………… 99
　练习与思考 ………………………………………………………………… 101

作业单 3-1　认识传动系统主要部件的结构 ……………………………… 103
　　作业单 3-2　查看车辆变速器的类型及挡位识别 ………………………… 104

模块 4　转向系统的认识与使用　<<<105

4.1　转向系统的结构与工作原理 ………………………………………………… 107
　　4.1.1　转向系统的功用 ……………………………………………………… 107
　　4.1.2　转向系统的类型及结构 ……………………………………………… 107
　　4.1.3　转向系统的工作原理 ………………………………………………… 109
4.2　转向系统的使用 ………………………………………………………………… 110
　　4.2.1　转向系统的正确使用 ………………………………………………… 110
　　4.2.2　转向系统的使用注意事项 …………………………………………… 111
4.3　动力转向系统的认识 …………………………………………………………… 111
　　4.3.1　可调方向盘 …………………………………………………………… 111
　　4.3.2　转向柱 ………………………………………………………………… 112
　　4.3.3　动力转向器总成 ……………………………………………………… 112
　　4.3.4　转向角传感器 ………………………………………………………… 113
　　4.3.5　助力电机 ……………………………………………………………… 113
4.4　技能实训：选用与检查转向液 ………………………………………………… 114
练习与思考 ……………………………………………………………………………… 115
　　作业单 4-1　认识转向系统主要部件的结构 ……………………………… 118
　　作业单 4-2　查看车辆转向系统的类型及部件的安装位置 ……………… 120

模块 5　制动系统的认识与使用　<<<121

5.1　制动系统的结构与工作原理 …………………………………………………… 123
　　5.1.1　制动系统的作用 ……………………………………………………… 123
　　5.1.2　制动系统的类型及结构 ……………………………………………… 123
　　5.1.3　制动系统的工作原理 ………………………………………………… 127
5.2　制动系统的使用 ………………………………………………………………… 127
　　5.2.1　制动系统主要部件的正确使用方法 ………………………………… 128
　　5.2.2　制动系统的正确使用注意事项 ……………………………………… 128
5.3　ABS 系统的认识 ………………………………………………………………… 129
　　5.3.1　轮速传感器 …………………………………………………………… 130
　　5.3.2　ABS 组件 ……………………………………………………………… 130
　　5.3.3　ABS 警告灯 …………………………………………………………… 130
5.4　技能实训：选用与检查制动液 ………………………………………………… 131
练习与思考 ……………………………………………………………………………… 132
　　作业单 5-1　认识制动系统主要部件的结构 ……………………………… 135
　　作业单 5-2　检查汽车制动液 ……………………………………………… 136

模块 6　轮胎的认识与使用　<<<137

6.1　轮胎的结构与类型 …………………………………………………… 139
- 6.1.1　轮胎的作用 ……………………………………………………… 139
- 6.1.2　轮胎的结构 ……………………………………………………… 139
- 6.1.3　轮胎的尺寸和标识 ……………………………………………… 143
- 6.1.4　胎面花纹 ………………………………………………………… 146
- 6.1.5　轮胎的类型 ……………………………………………………… 148

6.2　车轮的结构与类型 …………………………………………………… 149
- 6.2.1　车轮的作用 ……………………………………………………… 149
- 6.2.2　车轮的结构 ……………………………………………………… 149
- 6.2.3　车轮的尺寸和标识 ……………………………………………… 151
- 6.2.4　整体式车轮 ……………………………………………………… 152

6.3　轮胎的使用与检查 …………………………………………………… 155
- 6.3.1　轮胎的检查与更换原则 ………………………………………… 156
- 6.3.2　车轮的清洗与储存 ……………………………………………… 158
- 6.3.3　轮胎的磨损 ……………………………………………………… 159

6.4　技能实训：检查与更换轮胎与车轮 ………………………………… 165
练习与思考 …………………………………………………………………… 171
作业单 6-1　认识与检查轮胎与车轮 ……………………………………… 173

模块 7　空调系统的认识与使用　<<<177

7.1　空调系统的结构及工作原理 ………………………………………… 179
- 7.1.1　汽车空调的功能 ………………………………………………… 179
- 7.1.2　汽车空调的特点 ………………………………………………… 180
- 7.1.3　汽车空调系统的组成 …………………………………………… 180
- 7.1.4　汽车空调系统的分类 …………………………………………… 181
- 7.1.5　制冷剂与冷冻油 ………………………………………………… 182
- 7.1.6　制冷装置的工作原理 …………………………………………… 184
- 7.1.7　取暖装置的工作原理 …………………………………………… 185

7.2　空调系统的使用 ……………………………………………………… 186
- 7.2.1　概述 ……………………………………………………………… 186
- 7.2.2　按键使用说明 …………………………………………………… 186

7.3　技能实训：认识空调系统 …………………………………………… 188
练习与思考 …………………………………………………………………… 191
作业单 7-1　认识空调制冷系统 …………………………………………… 193
作业单 7-2　认识空调的控制面板 ………………………………………… 194

模块 8　仪表与灯光的认识与使用　<<<195

- 8.1　组合仪表的认识与使用 …… 197
  - 8.1.1　组合仪表的功能 …… 197
  - 8.1.2　组合仪表的组成 …… 197
- 8.2　灯光的认识与使用 …… 203
  - 8.2.1　灯光的功能 …… 204
  - 8.2.2　灯光的分类、认识与使用 …… 204
- 8.3　技能实训：认识与使用组合仪表 …… 210
- 练习与思考 …… 212
- 作业单 8-1　认识仪表 …… 213
- 作业单 8-2　认识仪表警告灯和指示灯 …… 214
- 作业单 8-3　认识与使用灯光 …… 215

模块 9　车身电气附属设备的认识与使用　<<<217

- 9.1　风窗刮水及洗涤装置的认识 …… 219
  - 9.1.1　风窗刮水及洗涤装置的功能 …… 219
  - 9.1.2　风窗刮水及洗涤装置的组成 …… 219
  - 9.1.3　风窗刮水及洗涤装置的实物部件 …… 219
- 9.2　电动车窗及天窗的认识 …… 220
  - 9.2.1　电动车窗及天窗的功能 …… 221
  - 9.2.2　电动车窗及天窗的组成 …… 221
  - 9.2.3　电动车窗及天窗的实物部件 …… 221
- 9.3　电动后视镜的认识 …… 222
  - 9.3.1　电动后视镜的功能 …… 222
  - 9.3.2　电动后视镜的组成 …… 222
  - 9.3.3　电动后视镜的实物部件 …… 223
- 9.4　中控门锁及防盗系统的认识 …… 224
  - 9.4.1　中控门锁及防盗系统的功能 …… 224
  - 9.4.2　中控门锁及防盗系统的组成 …… 224
  - 9.4.3　中控门锁及防盗系统的实物部件 …… 224
- 9.5　电动座椅的认识 …… 225
  - 9.5.1　电动座椅的功能 …… 226
  - 9.5.2　电动座椅的分类 …… 226
  - 9.5.3　电动座椅的组成 …… 226
  - 9.5.4　电动座椅的实物部件 …… 226
- 9.6　技能实训：使用车身电气附属设备 …… 227
- 练习与思考 …… 236

作业单 9-1　使用风窗刮水及洗涤装置 ………………………………………… 238
作业单 9-2　使用电动车窗及天窗 ……………………………………………… 239
作业单 9-3　使用电动后视镜 …………………………………………………… 241
作业单 9-4　使用中控门锁及防盗系统 ………………………………………… 242
作业单 9-5　使用电动座椅 ……………………………………………………… 243

参考文献　<<<245

模块 1

汽车的整体认识

◎ 学习目标

1. 知识目标
（1）能描述汽车的定义；
（2）了解汽车诞生史；
（3）了解世界及中国汽车工业发展史；
（4）能对汽车进行分类；
（5）能对汽车作三种分级；
（6）能解释我国汽车产品的编号规则；
（7）能解释 17 位 VIN 码的含义；
（8）能描述汽车的四大组成部分。

2. 能力目标
（1）能利用互联网查找汽车相关信息；
（2）能阐述汽车行业发展史；
（3）能指出实车上 17 位 VIN 码的位置；
（4）认识实车上的汽车四大组成部分。

◎ 案例导入

客户进入 4S 店，想要买辆新车，但对汽车一无所知，客户要求汽车销售顾问介绍车辆的类型、品牌等相关知识。

◎ 服务方案

（1）了解客户情况；
（2）听取客户需求；
（3）确定介绍方案：汽车的类型、汽车的品牌、汽车的组成、汽车参数的识别。

拓 扑 图

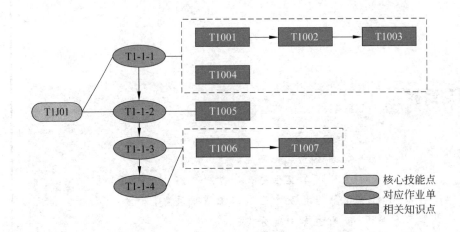

核心技能点

T1J01　识别与查找汽车的 VIN 码

对应作业单

T1-1-1　汽车的分类　　　　　T1-1-2　汽车的分级
T1-1-3　汽车的组成　　　　　T1-1-4　识别与查找汽车的 VIN 码

相关知识点

T1001　汽车的定义　　　　　　T1002　世界汽车工业的发展
T1003　中国汽车工业的发展　　T1004　汽车的分类
T1005　汽车的分级　　　　　　T1006　汽车的品牌
T1007　汽车的组成

模块1　汽车的整体认识

1.1　汽车的发展

汽车是一种现代的交通工具,经过一百多年的发展,已经成为人们日常生活中不可缺少的一部分。"汽车"的英文为 Automobile,是由希腊语中的 Auto(自己)和 Mobile(会动的)组成,英文原译为"自动车"。汽车在日本也称"自动车"(日本汉字中的汽车则是指中文所说的火车),其他文种也多是"自动车",只有中国例外。虽然如此,汽车的定义还是因国而异。

根据我国国标《汽车和挂车类型的术语和定义》(GB/T 3730.1—2001)给汽车定义:汽车是指由动力驱动,具有4个或4个以上车轮的非轨道承载的车辆,主要用于载运人员和货物、牵引载运人员和货物及其他特殊用途。因此,一般来说,汽车是一种由自身动力驱动,不依靠轨道和架线,具有4个或4个以上车轮,驾驶室与车厢成一体或固定在同一车架上,能在道路上行驶的轮式交通运输工具,包括由此派生出来的具有其他特殊用途的无轨自动车辆。现在人们所说的汽车一般专指由汽油(或柴油)内燃机驱动的汽车。

美国汽车工程师学会标准 SAEJ 687C 中对汽车(自动车)的定义是:由本身动力驱动,装有驾驶装置,能在固定轨道以外的道路或地域上运送客货或牵引其他车辆的车辆。

日本工业标准 JISK 0101 中对汽车(自动车)的定义是:自身装有发动机和操纵装置,不依靠固定轨道和架线能在路上行驶的车辆。

德国对汽车的定义是:汽车是使用液体燃料、用内燃机驱动,具有3个或3个以上车轮、用于行驶的车辆。

1.1.1　汽车的诞生

1. 卡尔·本茨与世界第一辆汽车

在汽车发展史上,被公认的第一辆汽车的发明者是卡尔·本茨,如图1-1所示。卡尔·本茨生于1844年,是个火车司机的儿子。1885年,卡尔·本茨在德国曼海姆制成第一辆汽油发动机汽车,如图1-2所示。

图1-1　卡尔·本茨(Karl Benz,1844—1929年)

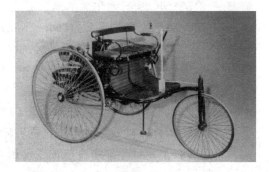
图1-2　卡尔·本茨发明的第一辆汽车

卡尔·本茨于1886年1月29日向当时的德意志帝国专利局申请汽车专利证,如图1-3所示,这一天被人们称为汽车的诞生日,本茨也被誉为"汽车之父"。

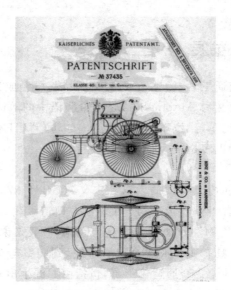

图 1-3 第一个汽车专利证

当时的报纸对这辆汽车进行了如下的报道:"人们看到在马路上行驶着一辆三轮无马车,车上坐着一个男人,他手中没拿赶车的马鞭,看到这辆车的人们都惊奇万分……"

仔细观察这辆汽车的构造,会发现它实际上是一辆简易三轮马车,比较车速和装载质量也不比马车优越。但是它的巨大贡献不在于其本身所达到的性能,而在于观念的变化——自动化的实现和内燃机的使用。

这辆汽车自身质量为 254kg,主体采用装有 3 个实心橡胶轮胎的马车,用钢管制成的车架,后轮车架上放一台排量为 1.05L、转速为 400r/min 的单缸小型汽油发动机,最高车速为 18km/h。美中不足的是,这辆车不能倒行,也无制动装置。现在这辆车被收藏于德国慕尼黑科技博物馆中。

2. 戈特利布·戴姆勒与世界第一辆四轮汽车

汽车的另一位伟大的创始人是戈特利布·戴姆勒,如图 1-4 所示,他出生于一个面包师家庭。1885 年,戴姆勒和他的助手威廉·迈巴赫制造出一台风冷、单缸二冲程、排量为 264mL、最大功率达到 3.7 马力(600r/min)、以汽油为燃料的发动机。两人把这台发动机安装在以橡木为车架的自行车上,成为世界上第一辆摩托车。戴姆勒于同年的 8 月 29 日获得专利,成为世界摩托车工业的鼻祖,而他的助手迈巴赫则是世界上第一位摩托车"骑士"。

继二轮车(摩托车)之后,戴姆勒为庆祝妻子埃玛的生日,于 1886 年 8 月订购了一辆马车,他在埃斯林加机械制造厂将这辆四轮马车加以改制,增加了传动、转向等机构,然后在车身后部装上一台单缸水冷汽油发动机,制成了世界上第一辆四轮汽油发动机的汽车,如图 1-5 所示。

图1-4 戈特利布·戴姆勒

图1-5 戴姆勒发明的四轮汽油发动机的汽车

1890年11月28日,戴姆勒在斯图加特附近的勘斯塔特城创建了"戴姆勒机动车有限公司",批量生产汽车。并于1926年6月29日与奔驰汽车公司合并,成为戴姆勒-奔驰汽车公司。

本茨和戴姆勒的发明成为汽车史上最重要的里程碑,一同被称为"世界汽车之父"。他们组建的戴姆勒-奔驰汽车公司也早已举世闻名,"三叉星"的商标也风靡世界各地。

1.1.2 世界汽车工业的发展

在百余年的汽车工业发展史中,世界汽车工业经历了三次巨大变革。第一次变革是美国福特汽车公司推出T型车,并发明了汽车装配流水线,使世界汽车工业的中心从欧洲转向美国。第二次变革是欧洲通过多品种的生产方式,打破了美国汽车公司在世界车坛上的长期垄断地位,使世界汽车工业的中心从美国又转回欧洲。第三次变革是日本通过完善生产管理体制形成精益的生产方式,全力发展物美价廉的经济型轿车,日本成了继美国、欧洲之后世界第三个汽车工业发展中心。

1. 第一次变革——美国流水线大批量生产汽车

在T型车出现以前,汽车是为少数人生产的奢侈品。1908年,汽车史上第一辆在生产线上大量装配的四轮汽车福特T型车在美国诞生。福特T型车如图1-6所示,一改以往汽车马车型的造型,加上功能配置上的创新和改进,使它成为当时城市最佳的个人交通工具,上市第一年就卖出1.9万辆。

1913年,福特汽车公司在汽车城底特律市建成了世界上第一条汽车装配流水线,如图1-7所示,使T型车成为大批量生产汽车的开端,汽车装配时间从12.5h缩短到1.5h。从1908年到1927年,T型车共生产了1500多万辆,这一车型累

图1-6 早期的福特T型车

计产量记录直到1972年才被德国甲壳虫型汽车打破。T型车售价从开始的每辆850美元,最后降到360美元。1915年,仅福特汽车公司的年产量就占美国汽车公司总产量的

70%，而当时生产汽车历史较长的德、英、法等欧洲各国的汽车总产量也不过是美国产量的5%。

图1-7 福特公司的第一条汽车装配流水线

T型车出现的意义在于：T型车将汽车从贵族和有钱人的专利品变为大众化的商品；T型车将家庭汽车从神话变为现实；T型车推进了汽车工业的发展，使世界汽车工业的发展从欧洲转向美国，美国从此成为世界汽车工业发展中心。

只有不断创新才能永远占领市场，由于福特汽车公司创始人亨利·福特仅注重生产成本，不重视产品改进，生产了十多年的T型车逐渐显得单调、简陋。到1927年，带有豪华饰件的通用公司的雪佛兰汽车赢得了用户普遍欢迎，终于击败了垄断汽车市场20年的福特T型车，使它最终退出了汽车舞台。

2. 第二次变革——欧洲汽车产品多样化

第二次世界大战期间，欧洲各国汽车工业不得不为军需提供服务，生产军用车辆和装备。战后，随着经济的复苏与政府支持的加强，欧洲汽车工业快速发展，1960年汽车年产量达到205.5万辆，年均增长21%。其实第二次世界大战以前，欧洲人就已经开始对美国汽车一统天下颇有异议。但是，由于当时欧洲的汽车公司尚不能大批量生产和降低售价，无力与美国汽车公司竞争。于是，欧洲人便以新颖的汽车产品，如发动机前置前轮驱动、发动机后置后轮驱动、承载式车身、微型节油车等技术改进，以及尽量适应不同的道路条件、国民爱好等要求的优势，与美国汽车公司抗衡。这样，欧洲形成了由汽车产品单一到多样化的变革。针对美国车型单一、体积庞大、油耗高等弱点，欧洲开发了多姿多彩的新车型。例如，严谨规范的奔驰、宝马；轻盈典雅的法拉利、雪铁龙；雍容华贵的劳斯莱斯、美洲虎；神奇的甲壳虫（见图1-8）；风靡全球的MINI（见图1-9）等车型纷纷亮相。

多样化的产品成为最大优势，规模效益也得以实现。到1966年，欧洲汽车产量突破1000万辆，比1955年产量增长5倍，年均增长率为10.6%，超过北美汽车产量，成为世界第二个汽车工业发展中心。到1973年，欧洲汽车产量又提高到1500万辆，世界汽车工业的中心又由美国转回欧洲。

图1-8 早期甲壳虫

图1-9 早期MINI

3. 第三次变革——日本精益的生产方式

日本汽车工业起步较晚,日本第一大汽车公司丰田汽车公司和第二大汽车公司日产汽车公司均创建于1933年。第二次世界大战前夕,日本政府颁布了《汽车制造业企业法》,表明对发展汽车工业给予支持。第二次世界大战中,日本政府关闭了美国在日本建立的汽车制造厂。第二次世界大战后,日本不允许外国到日本建厂造车。尽管如此,在20世纪50年代,日本的汽车工业仍然发展缓慢。进入20世纪60年代以后,经济型轿车的生产在日本逐年增加。1960年,日本人均国民生产总值为500美元,1966年人均国民生产总值突破了1000美元,为汽车普及创造了条件。同时,日本各汽车公司及时推出物美价廉的汽车,其售价与20世纪50年代中期相比下降了30%~50%,于是日本出现了普及汽车的高潮。日本称1966年为普及私人汽车的元年。

同时,以丰田汽车公司为代表的几家汽车公司,将"全面质量管理"和"计时生产系统"两种新型的管理机制应用于汽车生产。前者要求工人承担更多的责任,把产品质量放在首要位置。后者要求做好技术服务,推行精益的生产方式。两者紧密结合,相辅相成,推动了日本汽车工业的高速发展。1973年,日本汽车出口量达到200万辆,1977年达到400万辆,到了1980年猛增到600万辆。

由于日本实现了汽车国内销售量和出口量双高速增长,创造了世界汽车工业发展的奇迹。丰田汽车公司的"车到山前必有路,有路必有丰田车"(见图1-10)和日产汽车公司"古有千里马,今有日产车"(见图1-11)广告中的美好愿望成为了现实。1960年,日本汽车产量仅为16万辆,远远低于当时美国和欧洲各主要汽车生产国的水平。但到1967年,汽车产量达

图1-10 早期丰田轿车

图1-11 早期日产车型

到1100万辆，超过美国汽车产量，跃居世界第一位，日本成为继美国、欧洲后的世界上第三个汽车工业发展中心，即世界汽车工业中心又发生了从欧洲到日本的第三次转移。

1.1.3 中国汽车工业的发展

新中国成立后，中国的汽车工业才得以建立和发展。经过半个世纪的努力，我国汽车工业发生了天翻地覆的变化。从一个曾经是"只有卡车没有轿车"、"只有公车没有私车"、"只有计划没有市场"的汽车工业，终于形成了一个种类比较齐全、生产能力不断增长、产品水平日益提高的汽车工业体系。回顾中国汽车工业半个多世纪来走过的路程，一步一个脚印，处处印证着各个历史时期的时代特色，经历了从无到有、从小到大，创建、成长和全面发展三个历史阶段。

1. 创建阶段（1953—1965年）

1953年7月15日在长春打下了第一根桩，从而拉开了新中国汽车工业筹建工作的帷幕，如图1-12所示。国产第一辆汽车于1956年7月13日驶下总装配生产线。这是由长春一汽生产的"解放牌"载货汽车，如图1-13所示，结束了中国不能制造汽车的历史，圆了中国人自己生产国产汽车之梦，如图1-14所示。

图1-12 第一汽车制造厂外景

图1-13 解放CA10型载货汽车

一汽是我国第一个汽车工业生产基地。同时，也决定了中国汽车业自诞生之日起就重点选择以中型载货车、军用车及其他改装车（如民用救护车、消防车等）为主的发展战略，因此使得中国汽车工业的产业结构从开始就形成了"缺重少轻"的特点。

图1-14 中国汽车"圆梦"

图1-15 东风CA71型轿车

1957年5月,一汽开始仿照国外样车自行设计轿车;1958年先后试制成功CA71型"东风牌"小轿车(见图1-15)和CA72型"红旗牌"高级轿车(见图1-16),CA71型"东风牌"小轿车得到了毛泽东的关注(见图1-17),同年9月,又一辆国产"凤凰牌"轿车在上海诞生。"红旗牌"高级轿车被列为国家礼宾用车,并用作国家领导人乘坐的庆典检阅车。"凤凰牌"轿车参加了1959年国庆十周年的献礼活动。

图1-16 红旗CA72型轿车 ▲

图1-17 毛泽东主席视察中国第一辆轿车

1958年以后,中国汽车工业出现了新的情况,由于国家实行企业下放,各省市纷纷利用汽车配件厂和修理厂仿制和拼装汽车,形成了中国汽车工业发展史上第一次"热潮",形成了一批汽车制造厂、汽车制配厂和改装车厂,汽车制造厂由当初(1953年)的1家发展为16家(1960年),维修改装车厂由16家发展为28家。其中,南京、上海、北京和济南共4个较有基础的汽车制配厂,经过技术改造成为继一汽之后第一批地方汽车制造厂,发展汽车品种,相应建立了专业化生产模式的总成和零部件配套厂。

除一汽外,我国各地发挥自己的力量,在修理厂和配件厂的基础上进行扩建和改建所形成的这些地方汽车制造企业,丰富了中国汽车产品的构成,使中国汽车不但有了中型车,而且有了轻型车和重型车,还有各种改装车,满足了国民经济的需要,为今后发展大批量、多品种生产协作配套体系打下了初步基础。然而,这些地方汽车制造企业从自身利益出发,片面追求自成体系,从而造成整个行业投资严重分散和浪费,布局混乱,重复生产的"小而全"畸形发展格局,为日后汽车工业发展留下了隐患。

进入20世纪60年代,国民经济实行"调整、巩固、充实、提高"方针,在国家和省市的支持下,力求探索汽车工业管理的改革,国家决定试办汽车工业托拉斯,实施了促进汽车工业发展的多项举措,20世纪60年代中期工业托拉斯停办。与此同时,汽车改装业起步,首先重点发展了一批军用改装车,随后民用消防车、救护车、自卸车和牵引车相继问世,并为社会经济发展提供了城市、长途和团体这三大类客车。

1966年以前,我国汽车工业共投资11亿元,主要格局是形成1大4小5个汽车制造厂及一批小型制造厂,9个车型品种年生产能力近6万辆。1965年年底,全国民用汽车保有量近29万辆,国产汽车17万辆(其中一汽累计生产15万辆)。

2. 成长阶段(1966—1980年)

1964年,国家确定建设以生产越野汽车为主的第二汽车制造厂。二汽是我国汽车工业第二个生产基地,与一汽不同的是,二汽是依靠我国自己的力量创建起来的工厂(由国内自行设计和提供装备),采取了"包建"(专业对口老厂包建新厂、小厂包建大厂)和"聚宝"(国内的先进成果移植到二汽)的方法,同时在湖北省内外安排新建、扩建26个重点协作配套厂。一个崭新的大型汽车制造厂在湖北省十堰市兴建和投产,当时主要生产中型载货汽车和越野汽车。二汽拥有约2万台设备,100多条自动生产线,只有1%的关键设备是引进的。二汽的建成,开创了中国汽车工业以自己的力量设计产品、确定工艺、制造设备、兴建工厂的纪录,检验了整个中国汽车工业和相关工业的水平,标志着中国汽车工业上了一个新台阶。

与此同时,四川和陕西汽车制造厂及与陕汽生产配套的陕西汽车齿轮厂,分别在重庆市大足县和陕西省宝鸡市(现已迁西安)兴建和投产,主要生产重型载货汽车和越野汽车。20世纪60年代中后期,国家提出"大打矿山之仗"的决策,矿用自卸车成为其重点装备,上海32t(见图1-18)试制成功投产之后,天津15t、常州15t、北京20t、一汽60t(后转本溪)和甘肃白银42t电动轮矿用自卸车也相继试制成功并投产,缓解了冶金行业采矿生产装备的需要。

图1-18 我国第一台32t矿用自卸车

为适应国民经济发展对重型载货汽车的需求,济南汽车制造厂扩建"黄河牌"8t重型载货汽车的生产能力,在安徽泗河、河南南阳、辽宁丹东及黑龙江和湖南等地方也投入同类车型的生产。邢台长征牌12t重型载货汽车(源于北京新都厂迁建)、上海15t重型载货汽车投产问世。

在此期间,一汽、南汽、上汽、北汽和济汽5个老厂分别承担了包建和支援三线汽车厂(二汽、川汽、陕汽和陕齿)的建设任务,其自身投入技术改造扩大生产能力。地方发展汽车工业,几乎全部仿制国产车型重复生产。据粗略统计,生产解放牌车型的有20多家,生产北京130车型的有20多家,生产跃进车型的有近20家,生产北京越野车的近10家。改装零部件品种增多,厂家增加到2100家。

这一时期,由于当时全国汽车供不应求,再加上国家再次将企业下放给地方,因此引发了中国汽车工业发展的第二次热潮。1976年,全国汽车生产厂家增加到53家,专用改装厂增加到166家,但每个厂平均产量不足千辆,大多数在低水平上重复。从1964年起,上海汽车厂批量生产了上海牌(原凤凰牌)轿车,逐渐形成生产5000辆的水平,同时,上海一批零部件厂和附配件厂也随着汽车工业的发展而相继成长。

汽车工业经过这一阶段的摸索成长,1980年产量为22.2万辆,是1965年产量的5.48倍;1966—1980年生产汽车累计163.9万辆;汽车生产向多品种、专业化发展,生产厂点近200家;1980年大中轻型客车年产量为1.34万辆,其中长途客车6000多辆;1980年全国民用汽车保有量为169万辆,其中载货汽车148万辆。

3. 全面发展阶段(1981年至今)

在改革开放方针指引下,汽车工业进入全面发展阶段。汽车老产品(解放、跃进、黄河车型)升级换代,结束了30年一贯制的历史;调整商用车产品结构,改变"缺重少轻"的生产格局;引进技术和资金,建设轿车工业,形成生产规模;行业管理体制和企业经营机制改革,汽车车型品种、质量和生产能力大幅增长。在这30多年中,中国汽车工业发生了重大变革,成为中国汽车工业一个旧时代的结束和一个新时代开始的分水岭。

2009年10月20日,随着一辆金橙色解放J6驶下生产线,第1000万辆汽车在长春一汽诞生,中国从此迈进千万辆级汽车生产大国的行列。2010年1月11日,中国汽车工业协会发布数据,中国汽车年产销量分别为1379.10万辆和1364.48万辆,同比增长创历年最高,中国第一次成为世界第一汽车生产和消费国。2011年1月10日,中国汽车工业协会发布2010年汽车数据,全年汽车产量为1826.47万辆,销量为1806万辆,继续稳坐全球第一宝座。其中,乘用车产量为1389.71万辆,销量为1375.78万辆;商用车产量为436.76万辆,销量430.41万辆。

1.2 汽车的分类

汽车可以按照汽车(车身)结构、汽车的用途及国家颁布的标准进行分类。

1.2.1 根据汽车的结构分类

根据汽车的车身结构,可以将汽车分为非承载式车身、承载式车身和半承载式车身三种类型。

(1) 非承载式车身汽车用刚性车架,如图1-19所示,又称底盘大梁架。车身本体悬置于车架上,用弹性元件连接。车架的振动通过弹性元件传到车身上,大部分振动被减弱或消除,发生碰撞时车架能吸收大部分冲击力,在颠簸的道路行驶时对车身起到保护作用。因此,车厢变形小,平稳性和安全性好,车厢内噪声低。但这种非承载式汽车车身比较笨重,质量大,汽车重心高,高速行驶稳定性较差,一般用在货车、客车和越野车上。

(2) 承载式车身汽车没有刚性车架,只是加强了车头、侧围、车尾、底板等部位,车身和底架共同组成了车身本体的刚性空间结构,如图1-20所示,这种承载式车身除了其固有的承载功能外,还要直接承受各种载荷。这种形式的车身有较大的抗扭转刚度,质量小,高度低,汽车重心低,装配简单,高速行驶稳定性较好。但由于道路负载会通过悬架装置直接传给车身本体,因此噪声和振动较大。承载式车身一般用在轿车上,一些客车也采用这种形式。

图1-19 非承载式车身汽车

图1-20 承载式车身

（3）半承载式车身汽车是介于非承载式和承载式车身之间的车身结构,有独立完整的车架,车身本体与底架用焊接或螺栓刚性连接,加强了部分车身底架而起到一部分车架的作用,因此车身壳体可以承受部分载荷。半承载式车身一般用于大客车。

1.2.2 根据汽车的用途分类

根据汽车的用途分类,汽车可分为运输汽车和特种用途汽车两大类型。

1. 运输汽车

（1）轿车。轿车是指能乘坐2~9名乘员,主要供企事业单位或私人使用。采用两厢式或三厢式结构的小型载客汽车,如图1-21所示。

（2）客车。客车是指能乘坐9名以上乘员,主要用于供公共服务的载客汽车,如图1-22所示。

图1-21 轿车

图1-22 客车

（3）货车。货车是指用于运载各种货物,在其驾驶室内还能容纳2~6名乘员的汽车,如图1-23所示。

（4）牵引汽车。牵引汽车是指专门或主要用于牵引挂车的汽车,汽车后部设有牵引座,用来牵引和支撑挂车的前端,如图1-24所示。

图1-23 货车

图1-24 牵引汽车

2. 特种用途汽车

特种汽车是根据特殊的使用要求设计或改装而成的,主要执行运输以外的任务。

(1) 娱乐汽车。随着人们生活水平的提高，汽车设计师们推出了各种各样的专供假日娱乐休闲的汽车，如旅游汽车、高尔夫球场专用汽车、海滩游玩汽车等。

(2) 竞赛汽车。竞赛汽车是指按照特定的竞赛规范而设计的汽车。著名的汽车竞赛有一级方程式竞赛、拉力赛、耐力赛等，如图 1-25 所示。

(3) 特种作业汽车。特种作业汽车是指在汽车上安装各种特殊设备进行特种作业的车辆，如消防车、医疗救护车、环保作业车、商业售货车、市政建设工程车、发电车、起重车、通信车等，如图 1-26 所示。

图 1-25　竞赛汽车

图 1-26　消防车

1.2.3　根据汽车分类标准分类

1. 2002 年的标准

2002 年，国家质量监督检验检疫总局发布汽车分类标准，并定于 2002 年 3 月 1 日起替代原有国标予以正式实施（以下简称"2002 年的标准"）。2002 年的标准参照国际惯例，将汽车分类由现行的载货汽车、客车、轿车三大类，改为以乘用车、商用车两大类为主进行分类。

2002 年之前，我国的汽车分类标准按阿拉伯数字将车型分为 6 类，即货车（代号 1）、越野车（代号 2）、客车（代号 6）、轿车（代号 7）等。这种分类在实际应用中产生了许多问题，造成一系列矛盾。比如，国内长期广泛使用"轿车"的概念，但在国际标准和国内标准中从来没有"轿车"的定义。在实际管理中，各部门按照自己的理解，分别将不同种类的车型划归"轿车"，产生了各个部门所涵盖的"轿车"品牌差异很大的问题。2002 年的标准取消了"几字头车"的概念，统一了社会各部门对车型的不同分类，按用途划分车型，既能满足汽车工业界的需求，又为车辆管理部门管理机动车辆提供了科学的依据。2002 年的标准主要将汽车分为乘用车（9 座以下客车）、商用车两大类，作为通用性分类标准，除了用于统计分类外，还将用于牌照管理、保险及银行等汽车信贷管理，以及国家制定产业政策、进行行业管理的依据。

参与制定法规的专家认为，车辆术语标准的修订，除为标准的使用和车辆的管理带来方便外，最重要的是带来人们思维和社会观念的变革。2002 年的标准对乘用车、商用车概念的引入，推翻了把轿车作为奢侈品的传统意识。"轿车"将还原乘用车的本质意义，为我国汽车工业的发展创造良好的外部环境。

以下介绍2002年标准规定的汽车分类方法。

（1）乘用车

乘用车在其设计和技术特性上主要是用于载运乘客及其随身行李或临时物品的汽车，包括驾驶员座位在内最多不超过9个座位，也可牵引一辆挂车。乘用车按照车身、车顶、座位、车门、车窗结构或数量的不同，可细分为以下11类。

① 普通乘用车。采用封闭式车身，车顶（顶盖）为固定式，硬顶。有的顶盖一部分可以开启。座位为4个或4个以上，至少两排。部分车辆后座椅可折叠或移动，以形成装载空间。车门为2个或4个侧门，可有一后开启门，如图1-27所示。

② 活顶乘用车。车身为具有固定侧围框架的可开启式。车顶（顶盖）为硬顶或软顶，至少有两个位置封闭、开启或拆除。可开启式车身可以通过使用一个或数个硬顶部件或合拢软顶将开启的车身关闭。座位4个或4个以上，至少两排。车门2个或4个侧门。车窗4个或4个以上侧窗，如图1-28所示。

图1-27　普通乘用车

图1-28　活顶乘用车

③ 高级乘用车。车身为封闭式，前后座之间可以设有隔板。车顶（顶盖）为固定式，硬顶。有的顶盖一部分可以开启。座位为4个或4个以上，至少两排。后排座椅前可安装折叠式座椅。车门为4个或6个侧门、也可有一个后开启门。有6个或6个以上侧车窗，如图1-29所示。

图1-29　高级乘用车

④ 小型乘用车。车身为封闭式，通常后部空间较小。车顶（顶盖）为固定式，硬顶，有的顶盖一部分可以开启。座位为2个或2个以上，至少一排。有2个侧车门，也可有一个后开启门。有2个或2个以上侧车窗，如图1-30所示。

图 1-30　小型乘用车

⑤ 敞篷车。车身为可开启式。车顶（顶盖）可为软顶或硬顶，至少有两个位置；第一个位置遮覆车身；第二个位置车顶卷收或可拆除。座位有 2 个或 2 个以上，至少一排。有 2 个或 2 个以上的侧车窗，如图 1-31 所示。

⑥ 仓背乘用车。车身为封闭式，侧窗中柱可有可无。车顶（顶盖）为固定式，硬顶。有的顶盖一部分可以开启。座位为 4 个或 4 个以上，至少两排。后座椅可折叠或移动，以形成装载空间。有 2 个或 4 个侧车门，车身后部有一仓门，如图 1-32 所示。

图 1-31　敞篷车

图 1-32　仓背乘用车

⑦ 旅行车。旅行车也被称为 Wagon，大多数旅行车都是以轿车为基础，把轿车的后备厢加高到与车顶齐平，用来增加行李空间，如图 1-33 所示。Wagon 的魅力在于它既有轿车的舒适，也有相当大的行李空间，外形也相当的稳重，有成熟的魅力。旅行车在欧洲是一种很受欢迎的车型，所以旅行车在欧洲各汽车品牌的产品中都占有很重要的地位，如奥迪的 AVANT、奔驰、宝马的 Wagon 等。但是在中国，旅行车就像一个没有开辟的"新大陆"一样，甚至在凯越旅行车之前，国内都没有一款车可以真正叫作旅行车。旅行车是在人类崇

图 1-33　旅行车

尚自然、热衷旅游的风潮下衍生出来的一种轿车派生车型，与其他同类车型相比，其购买价格和使用成本都较低，而且具有更灵巧的车身，便于驾驶和停放，因此在经济发达国家

(尤其在欧洲)民众的生活中扮演着重要的角色。随着我国消费者物质生活水平的提高,节假日带着家人,开着旅行车,一起出门远行,已成为都市车族的新时尚。

⑧ 多用途乘用车。上述7种车辆,都是只有单一的车室载运乘客及行李或物品的乘用车。但是,如果这种车辆同时具有下列两个条件,则不属于乘用车而属于多用途乘用车(见图1-34)。

条件1:除驾驶员以外的座位数不超过6个。

条件2:$P-(M+N\times 68)>N\times 68$。式中,$P$ 为最大设计总质量(kg);M 为整车整备质量与1位驾驶员质量之和(kg);N 为除驾驶员以外的座位数。

⑨ 短头乘用车。这种乘用车一半以上的发动机长度位于车辆前挡风玻璃最前点以后,且方向盘的中心位于车总长的前1/4部分内,如图1-35所示。

图1-34　多用途乘用车　　　　　　　图1-35　短头乘用车

⑩ 越野乘用车。在其设计上所有车轮同时驱动(包括一个驱动轴可以脱开的车辆),或其几何特性(接地角、离去角、纵向通过角、最小离地间隙)、技术特性(驱动轴数、差速锁止机构或其他形式机构)和性能(爬坡度)允许在非道路上行驶的一种乘用车,如图1-36所示。

⑪ 专用乘用车。运载乘员或物品并完成特定功能的乘用车,具备完成特定功能所需的仪器或装备。例如,旅居车、防弹车及救护车等,如图1-37所示。

图1-36　越野乘用车　　　　　　　图1-37　专用乘用车

(2) 商用车

商用车是指在设计和技术特性上用于运送人员和货物的汽车,并且可以牵引挂车。商用车可细分为三大类。

① 客车类。客车类包括客车、小型客车、城市客车、长途客车、旅游客车、铰链客车、无轨电车、越野客车、专用客车九种，如图1-38所示。

② 半挂牵引车类。半挂牵引车是指装备有特殊装置用于牵引半挂车的商用车辆。前面有驱动能力的车头叫牵引车，后面没有牵引驱动能力的车叫挂车，挂车是被牵引车拖着走的，挂车的前面一半搭在牵引车后段上面的牵引鞍座上，牵引车后面的桥承受挂车的一部分重量，如图1-39所示。

图1-38　客车

图1-39　半挂牵引车

③ 货车类。货车类包括货车、普通货车、多用途货车、全挂牵引车（挂车的前端连在牵引车的后端，牵引车只提供向前的拉力，拖着挂车走，但不承受挂车向下的重量）、越野货车、专用作业车、专用货车7种，如图1-40所示。

图1-40　货车

2. 2005年的标准

为了满足加入WTO后与国际接轨的需要，从2005年开始，我国汽车行业再次实行新的车型统计分类（以下简称"2005年的标准"）。2005年的标准分类标准是依据《汽车和挂车类型的术语和定义》（GB/T 3730.1—2001）和《机动车辆及挂车分类》（GB/T 15089—2001）两个国家标准，结合我国汽车工业的发展状况制定的。2005年的标准大的分类基本与国际通行的称谓一致，也是将汽车分为乘用车和商用车两大类。

（1）乘用车

乘用车在其设计和技术特性上主要用于载运乘客及其随身行李或临时物品，包括驾驶员座位在内最多不超过9个座位。从设计角度来说，乘用车通常也可牵引一辆挂车。

与以前的分类标准相比,乘用车涵盖了轿车、微型客车及不超过 9 座的轻型客车,而载货汽车和 9 座以上的客车全都不属于乘用车。在某些特殊车型中,如金杯海狮,同一长度的车既有 9 座以上的,又有 9 座以下的,在实际分类统计中列为商用车。

根据车辆的特征,乘用车又细分为基本型乘用车、多功能车(MPV)、运动型多用途车(SUV)和交叉型乘用车 4 类。

① 基本型乘用车。基本型乘用车的概念等同于以前标准中的轿车,但在统计范围上又不同于轿车,这种区别主要表现在新标准将旧标准轿车中的部分非轿车品种(如切诺基)从基本型乘用车中扣除(计入 SUV 中),而将原属于轻型客车中的"准轿车"(即原来 6 字头轿车,如吉利 JL6360)列入了基本型乘用车统计数据中。

② 多功能车(MPV)。多功能车与下面提到的运动型多用途车(SUV)一样,都属于近年来引进的外来称谓,MPV 的英文名称为 mulity purpose vehicle,它是集轿车、旅行车和厢式货车的功能于一身,车内座椅可以调整,并有多种组合方式,前排座椅可以 180°旋转的车型,主要有江淮瑞风、东风风行、通用别克 GL8、广州本田奥德赛、海南马自达普利马、长安 CM8、一汽大众开迪等。

③ 运动型多用途车(SUV)。运动型多用途车的英文名称是 sport utility vehicle,主要指轻型越野车和在皮卡基础上改装的运动型多用途车。该类车型主要有长丰猎豹、北京吉普切诺基、长城赛弗、郑州日产帕拉丁、东风本田 CRV 等,在旧分类中除将切诺基列入轿车中外,其他均计入轻型客车中。在运动型多用途车(SUV)下按照驱动方式不同分为四驱运动型和二驱运动型多用途车。

④ 交叉型乘用车。交叉型乘用车是指不能列入上述 3 类车型以内的其他乘用车,这部分车型主要指的是 9 座及以下的客车,即旧分类中的微型客车,不属于上述 3 类的车型(如原北京吉普 BJ2020)也列入交叉型乘用车进行统计。

以上 4 类车型还分别按照两厢、三厢、四门、五门、排量、变速器的类型和燃料类型进行了细分。

在有关汽车的杂志、网络等媒体上,经常出现"跨界车"一词,下面对"跨界车"做简要介绍。

"跨界车"英文称之为 crossover,它的车型源自轿车(基本型乘用车)化的 SUV,逐渐发展成为轿车、SUV、MPV 和皮卡等车型的任意交叉组合,集轿车的舒适性和时尚外观、SUV 的操控性和 MPV 的自由空间组合于一身,又有 SUV 的良好通过性与安全性,在空间上也会比传统的轿车大很多。随着跨界车的发展,跨界车又分为 SAV(运动型多功能轿车)、CDV(商/家车)、VAN(小型)等多种款型。

跨界车最大的特点就是无法被归类为目前任何一种汽车形式,不归属于轿车、SUV 或 MPV,却将这些车种的优点集于一身,它完美的车身比例、精致豪华的内装、卓越的操控性和优雅的外观,让它凌驾于同级对手之上。跨界车突出展现了新一代汽车所追求的舒适性、运动性、实用性、豪华性和多功能性。

跨界车产生的主要原因是来自部分客户对于特殊用途车辆的需求,市场需要某种小型、灵活的车型来运输货物,特别是小体积的货物,如典型的用户是邮政局用来运输邮件和包裹、市内的快递、食品运送等。在 20 世纪 70 年代的最初阶段,跨界车的销量很小,都是在两厢车基础上改装而成的。作为如今跨界车领军的克莱斯勒集团,很早就有相关跨界车雏形的记载,克莱斯勒推出的闻名世界的皮卡与大捷龙就是现今多元化跨界车的前身。

目前市场上常见的跨界车有:东风风神 H30Cross、斯巴鲁傲虎、铃木天语 SX4 两厢、日产逍客、奇瑞瑞虎 3、瑞麒 X1、长安 CX20、长城 C20R、威麟 V5、起亚 Soul、长城酷熊等。

(2) 商用车

商用车主要是指用于运送人员和货物的汽车,并且可以牵引挂车。

商用车包含了所有的载货汽车和 9 座以上的客车。商用车分为客车、客车非完整车辆、货车、半挂牵引车和货车非完整车辆 5 类。

① 客车。客车主要是指用于载运乘客及其随身行李的商用车辆,包括驾驶员座位在内座位数超过 9 座。新分类中的客车含义要小于旧分类中的客车,对应关系为:

旧分类的客车=新分类中的(客车+客车非完整车辆+交叉型乘用车+主要 MPV+主要 SUV)

在新的客车分类中,又按照车身长度、用途和燃料类型分别进行了统计。可以根据细分的客车车身长度按照旧分类中大型、中型、轻型客车的划分标准进行归类。

② 客车非完整车辆。客车非完整车辆是指客车底盘。客车非完整车辆又按照长度进行细分。

③ 货车。货车主要是指为载运货物而设计和装备的商用车辆,同时可以牵引一挂车。新分类的货车含义也小于旧分类中的载货汽车,对应关系为:

旧分类的载货汽车=新分类中的货车+半挂牵引车+货车非完整车辆

在新的货车分类中,又按照货车的总质量、用途和燃料类型分别进行了统计。可以根据细分的货车总质量按照旧分类中大型、中型、轻型、微型货车的划分标准进行归类。

④ 半挂牵引车。半挂牵引车是指装备有特殊装置用于牵引半挂车的商用车辆。

在旧分类中,半挂牵引车被计入载货汽车中而未单列,在新分类中被作为商用车的一大类单独列出。

对于半挂牵引车,车辆分类依据的质量是处于行驶状态中的半挂牵引车的质量加上半挂车传递到牵引车上最大垂直静载荷,以及与牵引车自身最大设计装载质量的和。

⑤ 货车非完整车辆。货车非完整车辆是指货车底盘。货车非完整车辆又按照总质量细分。

1.3 汽车的分级

商用汽车(货车、客车等)一般按照重量、车身长度来分级。乘用车(轿车)的分级比起商用车复杂,一般按照发动机的排量、轴距及综合因素等来分级。

1.3.1 按排量分级

按照发动机排量分级,可将乘用车分为以下几种级别。

(1) 微型。发动机排量≤1.0L的乘用车。典型车型有长安奥拓、奇瑞QQ等,如图1-41所示。

(2) 普通级。发动机排量在1.0~1.6L之间的轿车。典型车型有一汽捷达,如图1-42所示。

图1-41　奇瑞QQ

图1-42　一汽捷达

(3) 中级。发动机排量在1.6~2.5L之间的轿车。典型车型有帕萨特2.0等,如图1-43所示。

图1-43　帕萨特2.0

(4) 中高级。发动机排量在2.5~4.0L之间的轿车。典型车型有奥迪A6 3.0等,如图1-44所示。

图1-44　奥迪A6 3.0

(5) 高级。发动机排量>4.0L的轿车。典型车型有奔驰600等,如图1-45所示。

模块 1　汽车的整体认识

图 1-45　奔驰 600

1.3.2　按轴距分级

按照轴距分级,可以将乘用车分为 A00、A0、A、B、C、D 6 大级别。

(1) A00 级。轴距在 2～2.2m 之间的车,也是平时所说的微型车。如雪佛兰 SPARK,如图 1-46 所示。

(2) A0 级。轴距在 2.2～2.3m 之间的车,是平时比较多见的两厢车型。如上海大众的 POLO,如图 1-47 所示。

图 1-46　雪佛兰 SPARK

图 1-47　上海大众 POLO

(3) A 级。轴距在 2.3～2.45m 之间的车,一般为家庭紧凑型车型。如江淮同悦,如图 1-48 所示。

(4) B 级。轴距在 2.45～2.6m 之间的车,一般为商务用车。如上海大众帕萨特,如图 1-49 所示。

图 1-48　江淮同悦

图 1-49　上海大众帕萨特

（5）C级。轴距在2.6～2.8m之间的车。如奥迪A6，如图1-50所示。

（6）D级。轴距一般大于2.8m的车。如奔驰S系列，如图1-51所示。

图1-50　奥迪A6　　　　　　　　图1-51　奔驰S系列

1.3.3　按综合因素分级

国际上用底盘、轴距、发动机排量等综合因素划分出乘用车的级别，分为A、B、C、D级，字母越靠后代表车的轴距、排量、重量等参数数值越大，舒适性和豪华性越高。乘用车市场的竞争是同一级别中的竞争。如德国分A0级车（小型车）、A级车（经济型车）、B级车（中高级车）、C级车（高级车）。从A0级到C级，在德国的汽车市场占有90%以上，最小的A00级车（像微型车路波）和豪华D级车（宝马7系一类）则属于市场细分中的上下两个极端。

1.4　汽车的品牌

汽车品牌是指用来标识某一或某些车型的符号系统。品牌经过注册即为商标，商标受法律保护，而品牌则没有取得保护权。

1. 德国常见汽车品牌

德国常见汽车品牌有奔驰、宝马、奥迪、大众、欧宝、保时捷等，其品牌标识如图1-52所示。

图1-52　德国常见汽车品牌

2. 意大利常见汽车品牌

意大利常见汽车品牌有法拉利、兰博基尼、菲亚特等,其品牌标识如图 1-53 所示。

法拉利

兰博基尼

菲亚特

图 1-53　意大利常见汽车品牌

3. 英国常见汽车品牌

英国常见汽车品牌有劳斯莱斯、宾利、罗孚、路虎、捷豹等,其品牌标识如图 1-54 所示。

劳斯莱斯

宾利

罗孚

路虎

捷豹

图 1-54　英国常见汽车品牌

4. 法国常见汽车品牌

法国常见汽车品牌有布加迪、标致、雪铁龙、雷诺等,其品牌标识如图 1-55 所示。

布加迪

标致

雪铁龙

雷诺

图 1-55　法国常见汽车品牌

5. 瑞典常见汽车品牌

瑞典常见汽车品牌有沃尔沃、萨博等,其品牌标识如图1-56所示。

6. 美国常见汽车品牌

美国常见汽车品牌有通用、福特等,其品牌标识如图1-57所示。

沃尔沃　　　　　萨博　　　　　　通用　　　　　　福特

图1-56　瑞典常见汽车品牌　　　　图1-57　美国常见汽车品牌

通用公司旗下有众多品牌,它们分别是别克、雪佛兰、凯迪拉克,其品牌标识如图1-58所示。

福特公司旗下有林肯和水星,品牌标识如图1-59所示。

别克　　　　雪佛兰　　　凯迪拉克　　　　林肯　　　　　水星

图1-58　通用公司旗下的品牌　　　　图1-59　福特公司旗下的品牌

克莱斯勒汽车公司是美国第三大汽车公司,主要车辆品牌有克莱斯勒、顺风、道奇、JEEP(吉普)等品牌,其品牌标识如图1-60所示。

克莱斯勒　　　顺风　　　　道奇　　　　吉普

图1-60　克莱斯勒汽车公司品牌

7. 日本常见汽车品牌

日本常见汽车品牌有丰田、日产、本田、马自达、斯巴鲁、三菱、铃木、五十铃等,其品牌标识如图1-61所示。

8. 韩国常见汽车品牌

韩国常见汽车品牌有大宇、现代、起亚等,其品牌标识如图1-62所示。

9. 中国常见汽车品牌

中国常见汽车品牌有一汽、东风、上汽、广汽等,其品牌标识如图1-63所示。

丰田　　　日产　　　本田　　　马自达

斯巴鲁　　三菱　　　铃木　　　五十铃

图 1-61　日本常见汽车品牌

大宇　　　　现代　　　　起亚

图 1-62　韩国常见汽车品牌

中国一汽　东风汽车　上海汽车　广汽集团

图 1-63　中国常见汽车品牌

1.5　汽车的组成

汽车通常由发动机、底盘、车身和电气设备4大部分组成。

1. 发动机

发动机是汽车的主要装置之一，它的作用是通过吸入可燃混合气燃烧而产生动力。汽车发动机如图1-64所示。

2. 底盘

底盘是汽车构成的基础。汽车底盘接受发动机输出的动力，使汽车产生运动，并能按驾驶人的操纵意志正确行驶。汽车底盘如图1-65所示。

图 1-64　汽车发动机

3. 车身

车身指的是车辆用来载人装货的部分，也指车辆整体。有的车辆的车身既是驾驶人的工作场所，又是容纳乘客和货物的场所。汽车车身如图1-66所示。

图1-65 汽车底盘

图1-66 汽车车身

4. 电气设备

汽车电气设备是汽车的重要组成部分，用于汽车的发动机起动、点火、照明、灯光信号及仪表等装置。随着人们对车辆舒适性要求的提高，汽车电气设备种类越来越多，功能也越来越强大。汽车电气设备如图1-67所示。

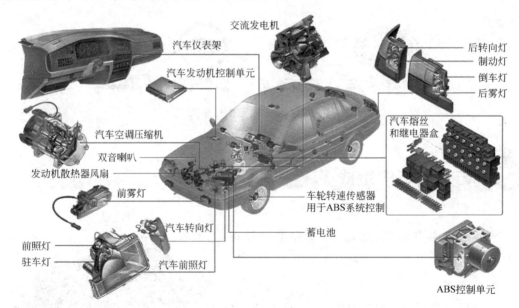

图1-67 汽车电气设备

1.6 技能实训：识别与查找汽车的VIN码

1. 安全要求及注意事项

（1）按规定穿戴工作服、鞋帽，留长发者要戴工作帽。

(2) 实习时精神要集中,不准说笑、打闹。
(3) 服从实习指导教师安排,未经教师批准,不得随便操作、动用各项设备。
(4) 正确使用工具和量具,必须遵守操作规范。
(5) 车辆、工作场所、通道应保持有序、整洁。
(6) 实习结束后要整理清洁工具和场地。

2. 对设备、工具、耗材的要求

(1) 设备:各品牌整车。
(2) 耗材:三件套、作业单。

3. 汽车 VIN 码的识别

VIN 是英文 vehicle identification number(车辆识别码)的缩写。VIN 码由 17 位字符组成,所以俗称 17 位码。

VIN 码的每位代码代表着汽车的某一方面信息参数。按照识别代号编码顺序,从 VIN 码中可识别出该车的生产国家、制造公司或生产厂家、车的类型、品牌名称、车型系列、车身形式、发动机型号、车型年款、安全防护装置型号、检验数字、装配工厂名称和出厂顺序号码等。

正确解读 VIN 码,对于正确地识别车型,以至进行正确地诊断和维修都是十分重要的。VIN 由三个部分组成:制造厂识别代号(WMI)、车辆说明部分(VDS)和车辆指示部分(VIS),如图 1-68 所示。

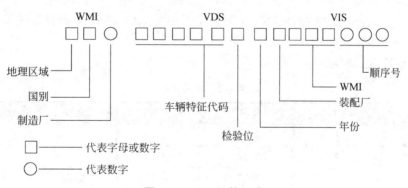

图 1-68　VIN 码的组成

(1) WMI(1~3 位):制造厂识别代号。

第 1 位:第 1 位字码是由国际代理机构分配的、用以标明一个地理区域的一个字母或数字字码,国际代理机构已经根据预期的需要为某一个地理区域分配了几个字码。

例如,1~5 代表北美;S~Z 代表欧洲;A~H 代表非洲;J~R 代表亚洲;6 和 7 代表大洋洲;8、9 和 0 代表南美等。

第 2 位:WMI 代号的第 2 位字码是由国际代理机构分配的、用以标明一个特定地区内的一个国家的一个字母或数字字码,国际代理机构已经根据预期的需要为某一个国家分配了几个字码。WMI 代号应通过第 1 位和第 2 位字码的组合保证国家识别标志的唯一性。

第3位：WMI代号的第3位字码是由国家机构指定的、用以标明某个特定的制造厂的一个字母或数字字码，WMI代号应通过第1位、第2位、第3位字码的组合保证制造厂识别标志的唯一性。部分制造厂代码见表1-1。

表1-1　部分制造厂代码

代码	生产商	代码	生产商
LHG	中国广本汽车有限公司	LFW	中国一汽集团
LJN	中国郑州日产汽车公司	LSV	中国上海大众汽车公司
LVT	中国奇瑞汽车制造厂	LGW	中国长城汽车公司
WAU	德国奥迪汽车公司	LMZ	中国长安福特马自达汽车公司
1HG	美国本田汽车有限公司	KMH	韩国现代汽车公司
JHM	日本本田汽车有限公司	1LN	美国福特汽车公司
WDB	德国戴姆勒-奔驰公司	JNI	日本日产汽车有限公司

(2) VDS（4～9位）：车辆说明部分。VDS用来说明车辆的一般特性，由车辆识别代号的第4位到第9位共6位字符组成。其中，第4位到第8位是特征位，第9位是校验位。如果制造厂不用其中的一位或几位字符，应在该位置填入选定的字母或数字占位。

(3) VIS(10～17位)：车辆指示部分。制造厂为了区别不同车辆而指定的一组字符，车辆指示部分由车辆识别代号的后8位字符组成，其最后4位字符应是数字，具体如下。

第10位：车型年份。表明年份的代码应按表1-2推荐的年份代码。代码由数字1～9和字母A～Y组成（数字的0及26个英文字母中的I、O、Q、U、Z因容易混淆而不用）。

第11位：车辆装配厂。

第12～17位：顺序号。

表1-2　年份代码

年份	代码	年份	代码	年份	代码
2001	1	2011	B	2021	M
2002	2	2012	C	2022	N
2003	3	2013	D	2023	P
2004	4	2014	E	2024	R
2005	5	2015	F	2025	S
2006	6	2016	G	2026	T
2007	7	2017	H	2027	V
2008	8	2018	J	2028	W
2009	9	2019	K	2029	X
2010	A	2020	L	2030	Y

4. 汽车VIN码的查找

不同的汽车厂商和汽车品牌，VIN码所处的位置并不一样，如何快速查找汽车的

VIN 码是识别汽车重要步骤。下面提供实际中常见的汽车 VIN 码位置。

（1）前挡风玻璃下方，如图 1-69 所示。

图 1-69　前挡风玻璃下方 VIN 码位置

（2）发动机室内，如图 1-70 所示。

图 1-70　发动机室的防火墙上 VIN 码位置

（3）车辆铭牌上，如图 1-71 所示。

（4）行驶证上，如图 1-72 所示。

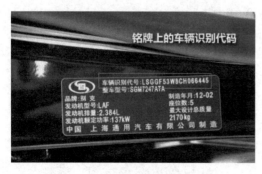

图 1-71　车辆铭牌上 VIN 码位置　　　　图 1-72　行驶证上 VIN 码位置

除上述的几个地方之外，通常还存在于车架、后备厢、门柱、车门、质保和保养手册等一些常见的地方。

1. 判断题（正确的打√，错误的打×）

(1) 美国汽车工程师学会标准 SAEJ 687C 中对汽车（自动车）的定义是：由本身动力驱动，装有驾驶装置，能在固定轨道以外的道路或地域上运送客货或牵引其他车辆的车辆。（ ）

(2) 本茨于 1885 年 1 月 29 日向德意志帝国专利局申请汽车专利证，这一天也称为汽车的诞生日，本茨被誉为"汽车之父"。（ ）

(3) 世界汽车工业的发展经历了三大变革：第一次变革是美国流水线大批量生产汽车；第二次变革是欧洲汽车产品多样化；第三次变革是日本精益式的生产方式。（ ）

(4) 国产第一辆汽车于 1958 年 7 月 13 日驶下总装配生产线。这是由长春一汽生产的"解放牌"载货汽车。（ ）

(5) 轿车是指乘坐 2～9 名乘员，主要供单位或私人使用。采用两厢式或三厢式结构的小型载客汽车。（ ）

(6) 根据汽车的用途分类，汽车有商用车和特种用途汽车两大类。（ ）

(7) 按照轴距分级，可以将轿车分为 A00、A0、A、B、C、D 6 大级别。（ ）

(8) VIN 码第 10 位代表汽车的类型。（ ）

2. 选择题

(1) "汽车"的英文解释为(   )。
　　A. Automobile　　B. Auto　　C. Mobile　　D. Car

(2) 汽车诞生日是(   )。
　　A. 1886 年 1 月 29 日　　B. 1887 年 1 月 29 日
　　C. 1885 年 2 月 19 日　　D. 1884 年 2 月 29 日

(3) 运输汽车包括轿车、客车、货车和(   )。
　　A. 牵引汽车　　B. 娱乐汽车　　C. 竞赛汽车　　D. 特种汽车

(4) 货车用于运载各种货物，在其驾驶室内能容纳(   )名乘员。
　　A. 2～9　　B. 3～6　　C. 2～6　　D. 7～9

(5) 按照排量分级，长安奥拓属于(   )车。
　　A. 普通级　　B. 中级　　C. 中高级　　D. 微型

(6) 按照轴距分级，上海大众帕萨特属于(   )车。
　　A. B 级　　B. A 级　　C. D 级　　D. C 级

(7) 汽车 VIN 码一般在(   )。
　　A. 车门上　　　　　　　　B. 驾驶室前挡风玻璃下面
　　C. 座椅上　　　　　　　　D. 后备厢上

3. 简答题

（1）根据用途可将汽车分为哪几种类型？
（2）汽车按照排量、轴距、综合因素可分为哪几种级别？
（3）车辆 VIN 码标牌的位置在哪里？
（4）17 位 VIN 码各位代表的含义是什么？
（5）汽车一般由哪几部分组成？

作业单 1-1 汽车的分类

姓名：_____ 班级：_____ 日期：_____

1. 通过上网或资料查找，列举下列乘用车的三种车型。

(1) 普通乘用车：_____、_____、_____。

(2) 敞篷车：_____、_____、_____。

(3) 高级乘用车：_____、_____、_____。

(4) 旅行车：_____、_____、_____。

(5) 越野乘用车：_____、_____、_____。

2. 写出下列汽车照片的车系类别。

(1) _____

(2) _____

(3) _____

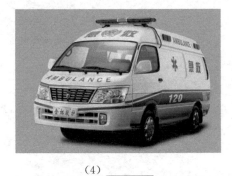

(4) _____

(5) _____

(6) _____

模块1 汽车的整体认识

(7) _____

(8) _____

(9) _____

(10) _____

(11) _____

(12) _____

(13) _____

(14) _____

汽车认识与使用

(15) _____

(16) _____

作业单 1-2 汽车的分级

姓名：_____ 班级：_____ 日期：_____

1. 将实训汽车的相关信息填入作业表 1-1。

作业表 1-1

序号	车辆名称	出厂日期	发动机排量	乘员数量	轴距
1	例如：捷达	2012.07	1.6L	5人	2470mm
2					
3					
4					
5					

2. 通过上网或资料查找，根据汽车的分级将相应汽车品牌填写作业表 1-2。

作业表 1-2

分	级	车辆品牌
按排量分	微型：发动机排量≤1.0L	
	普通级：发动机排量为 1.0～1.6L	
	中级：发动机排量为 1.6～2.5L	
	中高级：发动机排量为 2.5～4.0L	
	高级：发动机排量＞4.0L	
按轴距分	A00 级：轴距为 2～2.2m	
	A0 级：轴距为 2.2～2.3m	
	A 级：轴距为 2.3～2.45m	
	B 级：轴距为 2.45～2.6m	
	C 级：轴距为 2.6～2.8m	
	D 级：轴距一般大于 2.8m	

作业单 1-3 汽车的组成

姓名：_____ 班级：_____ 日期：_____

1. 将汽车各组成所处的位置填入作业表 1-3。

作业表 1-3

总成名称	位　　置
发动机	
底盘	
车身	
电气设备	

2. 把作业图 1-1 中的汽车各组成和它们的作用对应连线。

总成名称	作用
发动机	接收发动机输出的动力，使汽车产生运动，并能按驾驶人的意志操纵，使其正确行使
底盘	用来载人装货的部分，也指车辆整体
车身	用于汽车的发动机起动、点火、照明、灯光信号及仪表等装置
电气设备	使供入可燃混合气燃烧而产生动力

作业图 1-1

3. 根据作业表 1-4 中的图片填写该部件所属的汽车组成部分。

作业表 1-4

部件名称	图　　片	所属组成部分
进气管		

续表

部件名称	图　片	所属组成部分
车轮		
前大灯		
车门		
座椅		
仪表		

作业单 1-4　识别与查找汽车的 VIN 码

姓名：_____　班级：_____　日期：_____

1. 写出下面这个 VIN 码的含义。

LSVAA49J132047371

2. 选择相应品牌车辆，查找 VIN 码后填写作业表 1-5～作业表 1-8。

（1）车辆 1

作业表　1-5

车辆品牌 （国产车)		VIN 码			
厂商		生产地址		生产年份	

（2）车辆 2

作业表　1-6

车辆品牌 （欧系车)		VIN 码			
厂商		生产地址		生产年份	

（3）车辆 3

作业表　1-7

车辆品牌 （美系车)		VIN 码			
厂商		生产地址		生产年份	

（4）车辆 4

作业表　1-8

车辆品牌 （日系车)		VIN 码			
厂商		生产地址		生产年份	

3. 在不同车辆上查找 VIN 码，并填写作业表 1-9～作业表 1-12。

（1）车辆 1

作业表　1-9

实习车辆车型：	
VIN 码位置 1：	VIN 码位置 2：
VIN 码位置 3：	VIN 码位置 4：

(2) 车辆 2

作业表 1-10

实习车辆车型：	
VIN 码位置 1：	VIN 码位置 2：
VIN 码位置 3：	VIN 码位置 4：

(3) 车辆 3

作业表 1-11

实习车辆车型：	
VIN 码位置 1：	VIN 码位置 2：
VIN 码位置 3：	VIN 码位置 4：

(4) 车辆 4

作业表 1-12

实习车辆车型：	
VIN 码位置 1：	VIN 码位置 2：
VIN 码位置 3：	VIN 码位置 4：

模块 2

发动机的认识与使用

◎ 学习目标

1. 知识目标
（1）能对发动机进行分类；
（2）能描述发动机的简单工作原理；
（3）能说出发动机各机构及系统的名称；
（4）能描述发动机各机构及系统的主要部件的作用及结构。

2. 能力目标
（1）能在实车上找到发动机各机构及系统部件的安装位置；
（2）能正确使用与操作发动机；
（3）能正确选用发动机燃油；
（4）能正确选用及检查发动机润滑油；
（5）能正确选用及检查发动机冷却液。

◎ 案例导入

客户反映，夜里突降暴雨，自己的车停在低洼的地方，结果被水淹至车门下方处。自己刚一起动车，就听到"当当"几声，再也起动不了了。经维修技师初步诊断，由于进气道进水，起动车辆时雨水进入气缸，导致连杆或曲轴变形，最终无法起动车辆，需要拆检发动机。

◎ 服务方案

（1）听取客户报修的故障现象，请客户填写保修单；
（2）服务顾问填写客户有关数据，检查收取行驶证、保修单；

（3）验证客户叙述的故障，与客户沟通维修方案：举升车辆，全面检查后再确定维修方案；

（4）拆检后根据发动机内部损坏情况，确定维修方案，清理内部积水或更换相应总成，如情况严重，要对发动机缸体、连杆及活塞进行整体更换；

（5）任何一种维修方案都必须了解汽车发动机的构造与工作原理。

拓 扑 图

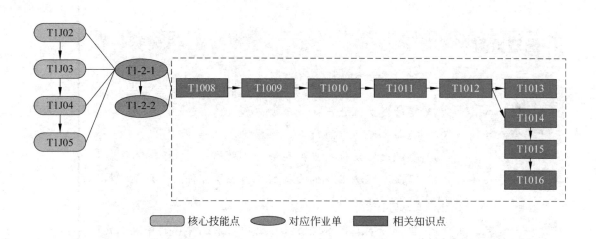

核心技能点

T1J02　发动机的起动和熄火　　　　　T1J03　选用与添加发动机燃油

T1J04　选用与检查发动机润滑油　　　T1J05　选用与检查发动机冷却液

对应作业单

T1-2-1　认识发动机主要部件的结构　　T1-2-2　发动机运行操作及油液的识别

相关知识点

T1008　发动机的类型　　　　　　　　T1009　发动机的基本工作原理

T1010　发动机的组成　　　　　　　　T1011　发动机主要部件的结构

T1012　发动机电控系统的组成　　　　T1013　发动机电控系统主要部件的名称

T1014　发动机电控系统主要部件的安装位置　T1015　发动机电控系统主要部件的作用

T1016　发动机电控系统主要部件的结构

2.1 发动机的类型与工作原理

学习目标

（1）能描述发动机的作用；

（2）能对发动机进行分类；

（3）能简单描述发动机的工作原理。

 2.1.1 发动机的作用

发动机是将某一种形式的能量转换为机械能的机器，其作用是将液体或气体的化学能通过燃烧转化为热能，再把热能通过膨胀转化为机械能并对外输出动力。

 2.1.2 发动机的类型

发动机分类方法很多，按照不同的标准，一般可把发动机作如下分类。

（1）按照使用燃料的不同，可分为汽油发动机和柴油发动机，如图 2-1 所示。

 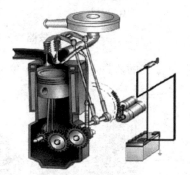

(a) 汽油发动机　　　　　　　　(b) 柴油发动机

图 2-1　汽油发动机和柴油发动机

（2）按照工作过程的不同，可分为二冲程发动机和四冲程发动机，如图 2-2 所示。

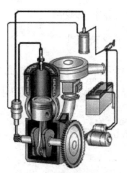 

(a) 二冲程发动机　　　　　　　　(b) 四冲程发动机

图 2-2　二冲程发动机和四冲程发动机

（3）按照气缸布置方式的不同，可分为 L 型（直列）、V 型、W 型和 B 型（水平对置），如图 2-3 所示。

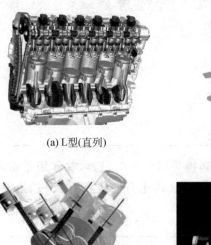

(a) L型(直列)　　　　(b) V型

(c) W型　　　　(d) B型(水平对置)

图 2-3　按照气缸布置方式分类

（4）按照冷却方式的不同，可分为风冷发动机和水冷发动机，如图 2-4 所示。

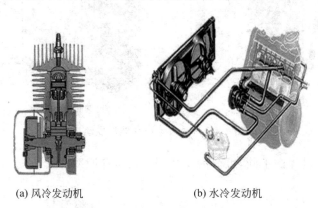

(a) 风冷发动机　　　　(b) 水冷发动机

图 2-4　风冷发动机和水冷发动机

（5）按照气缸数的不同，可分为单缸发动机和多缸发动机，如图 2-5 所示。

（6）按照进气系统是否采用增压方式，可分为自然吸气式发动机和强制进气式（涡轮增压）发动机，如图 2-6 所示。

（7）按照内部结构的不同，可分为转子式发动机和活塞式发动机，如图 2-7 所示。

2.1.3　发动机的基本工作原理

发动机将热能转变为机械能的过程，是经过进气、压缩、做功和排气四个连续的过程

(a) 单缸发动机　　　　　　(b) 多缸发动机

图 2-5　单缸发动机和多缸发动机

 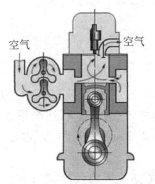

(a) 自然吸气式发动机　　(b) 强制进气式(涡轮增压)发动机

图 2-6　自然吸气式发动机和强制进气式(涡轮增压)发动机

(a) 转子式发动机　　　　　　(b) 活塞式发动机

图 2-7　转子式发动机和活塞式发动机

来实现的,每进行一次这样的过程就叫一个工作循环。凡是曲轴旋转两周,活塞往复四个行程完成一个工作循环的,称为四冲程发动机。

1. 四冲程汽油机的基本工作原理

四冲程汽油机的工作循环是由进气、压缩、做功和排气四个冲程所组成的,如图2-8所示。

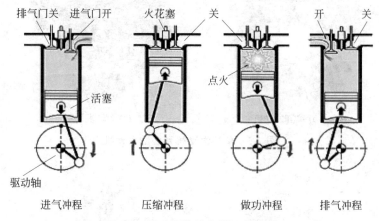

图2-8 四冲程汽油机的工作原理

(1) 进气冲程。活塞由曲轴带动从上止点向下止点运动,此时,排气门关闭,进气门开启。活塞移动过程中,气缸内容积逐渐增大,形成一定真空度,于是经过滤清的空气与化油器供给的汽油混合成可燃混合气,通过进气门被吸入气缸。至活塞到达下止点时,进气门关闭,停止进气。

由于进气系统存在进气阻力,进气终了时气缸内气体的压力低于大气压力,为0.075～0.09MPa。由于气缸壁、活塞等高温件及上一循环留下的高温残余废气的加热,气体温度升高到370～440K。

(2) 压缩冲程。进气冲程结束时,活塞在曲轴的带动下,从下止点向上止点运动,气缸内容积逐渐减小,由于进、排气门均关闭,可燃混合气被压缩,至活塞到达上止点时,压缩结束。气缸内气体被压缩的程度称为压缩比。压缩比越大,则压缩终了时气缸内气体的压力和温度就越高,燃烧速度也越快,因而发动机发出的功率越大,经济性也越好。现代汽油发动机压缩比一般为6～10。

压缩冲程中,气体压力和温度同时升高,并使混合气进一步均匀混合。压缩终了时,气缸内的压力一般为0.6～1.2MPa,温度一般为600～800K。

(3) 做功冲程。在压缩冲程末,火花塞产生电火花点燃混合气,并迅速燃烧,使气体的温度、压力迅速升高而膨胀,从而推动活塞从上止点向下止点运动,通过连杆使曲轴旋转做功,至活塞到达下止点时做功结束。

在做功冲程中,开始阶段气缸内气体压力、温度急剧上升,瞬间压力可达3～5MPa,瞬时温度可达2200～2800K。

(4) 排气冲程。在做功冲程终了时,排气门打开,进气门关闭,曲轴通过连杆推动活塞从下止点向上止点运动,废气在自身剩余压力和活塞推动下,被排出气缸,至活塞到达上止点时,排气门关闭,排气结束。排气冲程终了时,由于燃烧室容积的存在,气缸内还存有少量废气,气体压力也因排气系统存在排气阻力而略高于大气压力。此时,压力一般为

0.105～0.115MPa,温度一般为900～1200K。

2. 四冲程柴油机的基本工作原理

四冲程柴油发动机与四冲程汽油发动机一样,每个工作循环也是由进气、压缩、做功和排气四个冲程组成,如图2-9所示。但由于所使用燃料性质的不同,可燃混合气的形成和着火方式与汽油机有很大区别。下面主要叙述柴油发动机与汽油发动机工作循环的不同之处。

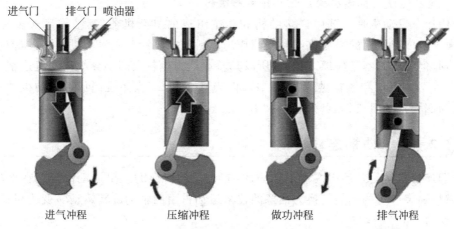

图2-9 四冲程柴油发动机的工作原理

(1) 进气冲程。进气冲程不同于汽油机的是进入气缸的不是可燃混合气,而是纯空气。由于进气阻力比汽油机小,上一冲程残留的废气温度也比汽油机低,进气冲程终了的压力一般为0.075～0.095MPa,温度一般为320～350K。

(2) 压缩冲程。压缩冲程不同于汽油机的是压缩纯空气,由于柴油的压缩比大,一般为15～22,压缩终了的温度和压力都比汽油机高,压力可达3～5MPa,温度可达800～1000K。

(3) 做功冲程。此冲程与汽油发动机有很大差异,压缩冲程末,喷油泵将高压柴油经喷油器呈雾状喷入气缸内的高温高压空气中,被迅速汽化并与空气形成混合气,由于此时气缸内的温度远高于柴油的自燃温度(约500K),柴油混合气便立即自行着火燃烧,且此后一段时间内边喷油边燃烧,气缸内压力和温度急剧升高,推动活塞下行做功。

做功冲程中,瞬时压力可达5～10MPa,瞬时温度可达1800～2200K,做功冲程终了时压力一般为0.2～0.4MPa,温度一般为1200～1500K。

(4) 排气冲程。此冲程与汽油发动机基本相同。排气冲程终了时的气缸压力一般为0.105～0.125MPa,温度一般为800～1000K。

由上述四冲程汽油发动机和柴油发动机的工作循环可知:两种发动机工作循环的基本内容相似。每个工作循环曲轴转2周(720°),每一冲程曲轴转半周(180°)。四个冲程中,只有做功冲程产生做功,其他三个冲程是为做功冲程做准备工作的辅助冲程,都要消耗一部分能量。发动机起动时的第一个循环,必须有外力将曲轴转动,以完成进气和压缩冲程;当做功冲程开始后,做功能量便通过曲轴储存在飞轮内,以维持以后的冲程和循环得以继续进行。

2.2 发动机的组成与结构

学习目标

（1）能指出发动机的两大机构及五大系统；

（2）能描述发动机各机构系统的作用及结构。

现代汽车发动机是一部由许多结构和系统组成的复杂机器,其结构形式多种多样。例如,现今最广泛使用的采用汽油和柴油作为燃料的往复活塞式发动机,其具体构造也是千差万别,但由于基本工作原理相同,所以其基本结构也就大同小异。汽油机通常由曲柄连杆、配气两大机构和燃料供给、润滑、冷却、点火、起动五大系统组成。柴油机通常由两大机构和四大系统组成（无点火系统）。

2.2.1 曲柄连杆机构

曲柄连杆机构是发动机实现工作循环,完成能量转换的主要运动部分。在做功行程中,将燃料燃烧产生的热能转换为活塞的往复运动再由曲轴的旋转运动转变为机械能,对外输出动力。

曲柄连杆机构由机体组、活塞连杆组、曲轴飞轮组三部分组成。

1. 机体组

机体组由气缸体、气缸垫、气缸盖、曲轴箱及油底壳、气缸套、气缸盖罩等组成,如图2-10所示。

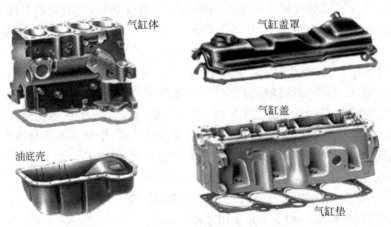

图 2-10 机体组

2. 活塞连杆组

活塞连杆组由活塞、活塞环、活塞销、连杆、连杆轴瓦等组成,如图2-11所示。

模块 2　发动机的认识与使用

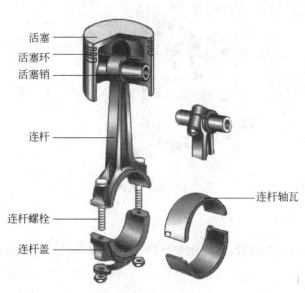

图 2-11　活塞连杆组

3. 曲轴飞轮组

曲轴飞轮组主要由曲轴、飞轮和一些附件组成,如图 2-12 所示。

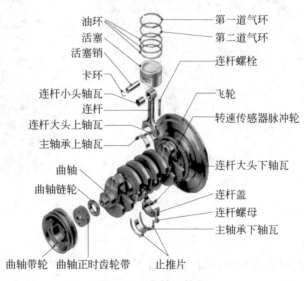

图 2-12　曲轴飞轮组

 ## 2.2.2　配气机构

配气机构的功用是按照发动机每一气缸内所进行的工作循环和点火次序的要求,定时开启和关闭各气缸的进、排气门,使新鲜充足的可燃混合气进入气缸,废气得以及时从气缸排出;在压缩与膨胀行程中,保证燃烧室的密封。

配气机构主要由气门组和气门传动组组成,如图 2-13 所示。

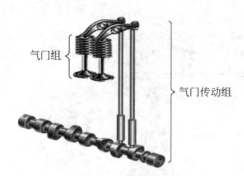

图 2-13 配气机构组成

1. 气门组

气门组包括气门、气门导管、气门座及气门弹簧、气门油封、气门锁夹等零件,如图 2-14 所示。

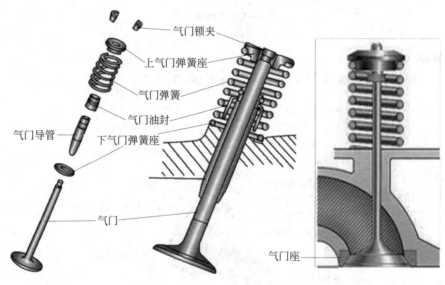

图 2-14 气门组

2. 气门传动组

根据凸轮轴所在位置的不同,气门传动组可分为凸轮轴下置、凸轮轴中置和凸轮轴顶置,如图 2-15 所示。

现代的发动机一般常采用顶置凸轮轴的形式。按照凸轮轴数量可分为单顶置凸轮轴和双顶置凸轮轴,如图 2-16 所示。

对于中置或下置凸轮轴形式的气门传动组,主要包括凸轮轴、挺柱、推杆、摇臂和摇臂轴等,如图 2-17 所示。

对于顶置凸轮轴的发动机,气门传动组主要包括曲轴正时带轮(正时链轮)、齿形带(传动链)、凸轮轴正时带轮(链轮)、凸轮轴、挺柱(或摇臂和摇臂轴)等组成,如图 2-18 所示。

模块 2　发动机的认识与使用

(a) 凸轮轴下置　　　　(b) 凸轮轴中置　　　　(c) 凸轮轴顶置

图 2-15　气门传动组分类

(a) 单顶置凸轮轴　　　　(b) 双顶置凸轮轴

图 2-16　顶置凸轮轴的形式

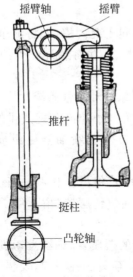 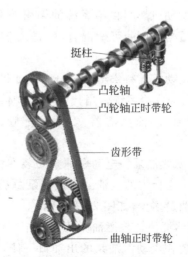

图 2-17　气门传动组　　　　图 2-18　顶置凸轮轴气门传动组

2.2.3 燃料供给系统

汽车燃料系统的任务是储存、输送、清洁燃油,并根据发动机各种不同工况,将适量的燃油与空气混合,以供给气缸一定浓度和数量的混合气。根据车辆发动机使用燃料不同,可分为柴油发动机燃料供给系统和汽油发动机燃料供给系统。

1. 柴油发动机燃料供给系统

柴油发动机的燃料供给系统由柴油箱、柴油滤清器、燃油分配管、供油泵、高压油管、喷油器、限压阀、燃油压力传感器和 ECU 等组成,如图 2-19 所示。

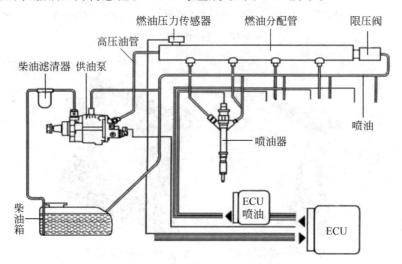

图 2-19 柴油发动机的燃料供给系统

2. 汽油发动机燃料供给系统

汽油发动机燃料供给系统的作用是根据发动机不同工况的需要,将纯净的空气和汽油配制成适当比例的可燃混合气,送入各个气缸进行燃烧,并将燃烧产生的废气排入大气中。

汽油发动机燃料供给系统分为汽油供给系统、进气系统和排气系统。

(1) 汽油供给系统。当代汽车燃料供给系多采用电子控制分配式供给装置,由燃油箱、燃油泵、燃油滤清器、燃油分配管、燃油压力调节器和喷油器等组成,如图 2-20 所示。

① 电动燃油泵。电动燃油泵安装在油箱内,其功用是将汽油从汽油箱中吸出,向喷油器提供一定压力的汽油。在汽油泵总成上还安装有油位传感器(俗称浮子),用于测量燃油箱内油量多少,如图 2-21 所示。

② 燃油滤清器。燃油滤清器的作用是滤除燃油中的杂质,保证给发动机提供清洁的燃油。安装在电动汽油泵的出油口一侧,有些则与电动泵集成在一起,安装于汽油箱中,工作压力较高,通常采用金属外壳,如图 2-22 所示。

③ 燃油分配管。燃油分配管用于分配汽油和储存汽油,采用钢或铝材料制造,如

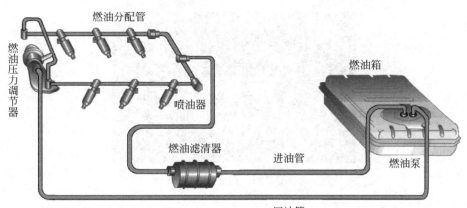

图 2-20 汽油机燃料供给系统

(a) 电动汽油泵　　　(b) 汽油泵总成

图 2-21 电动汽油泵和汽油泵总成

图 2-22 燃油滤清器

图 2-23 所示。燃油分配管上装有喷油器,在这里汽油被均匀地分配到各个喷油器。如果有回油系统,在燃油分配管上还有压力调节器。有些燃油分配管上装置一个油压检测阀,供检修时卸压及测试之用。

④ 喷油器。喷油器是发动机电控汽油喷射系统中的一个关键执行元件,在 ECU 的精确控制下,将汽油呈雾状喷射入气缸或进气歧管内。喷油器安装在燃油分配管或缸体上,如图 2-24 所示。

(2) 进气系统。进气系统由空气滤清器、节气门体和进气歧管等组成,如图 2-25

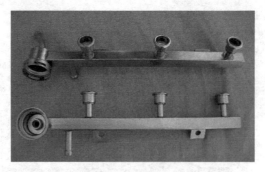

图 2-23 燃油分配管

图 2-24 喷油器和燃油分配管总成

所示。

（3）排气系统。排气系统由排气歧管、三元催化器和消声器等组成，如图 2-26 所示。

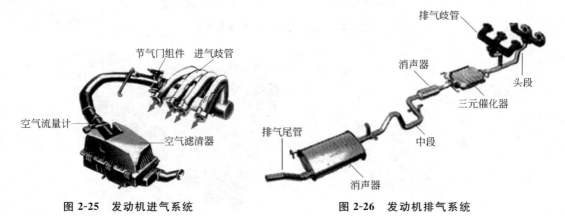

图 2-25 发动机进气系统　　　　图 2-26 发动机排气系统

2.2.4 润滑系统

润滑系统的功用是向做相对运动的零件表面输送定量的清洁润滑油，以实现液体摩擦，减小摩擦阻力，减轻机件的磨损，并对零件表面进行清洗、冷却，同时还起到密封及防锈的作用。

润滑系统由机油泵、集滤器、油道、机油滤清器等组成，如图 2-27 所示。

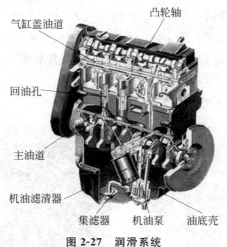

图 2-27 润滑系统

1. 机油泵

机油泵用来提高润滑油压力,保证润滑油在润滑系统内不断循环,目前发动机润滑系统中广泛采用的是转子式机油泵和齿轮式机油泵两种,如图 2-28 所示。

(a) 转子式机油泵

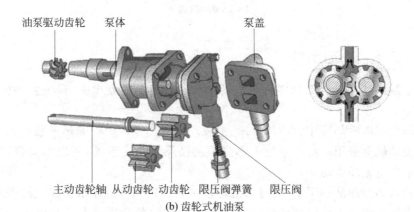

(b) 齿轮式机油泵

图 2-28 转子式机油泵和齿轮式机油泵

2. 集滤器和机油滤清器

集滤器位于机油泵的前端，用于过滤润滑油中大的颗粒物和杂质。

机油滤清器位于机油泵后端，用于滤除润滑油中的杂物、胶质和水分，向各润滑部位输送清洁的润滑油。

集滤器和机油滤清器实物如图 2-29 所示。

(a) 集滤器

(b) 机油滤清器

图 2-29　集滤器和机油滤清器

3. 机油尺

机油尺是用来检查油底壳内油量和油面高低的。它是一片金属杆，下端制成扁平，并有刻线。润滑油油面必须处于油尺上下刻线之间。常见机油尺如图 2-30 所示。

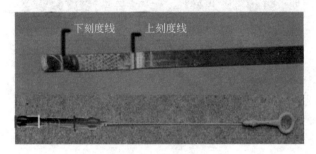

图 2-30　机油尺

2.2.5　冷却系统

冷却系统的功用是将受热零件吸收的部分热量及时散发出去，保证发动机在最适宜的温度状态下工作。

水冷却系统以冷却液作为冷却介质，把发动机受热零件吸收的热量散发到大气中去。目前汽车发动机上采用的水冷系统大都是强制循环式水冷系统，利用水泵强制冷却液在冷却系统中进行循环流动。

散热器内的冷却液加压后，通过气缸体进水孔压送到气缸体水套和气缸盖水套内，冷却液在吸收了机体的大量热量后经气缸盖出水孔流回散热器。由于有风扇的强力抽吸，空气流由前向后高速通过散热器。因此，受热后的冷却液在流过散热器芯的过程中，热量不断地散发到大气中去，冷却后的冷却液流到散热器的底部，又被水泵抽出，再次压送到发动机的水套中,如此不断循环,把热量不断地送到大气中去,使发动机不断地得到冷却,如图2-31所示。

通常冷却液在冷却系统内的循环流动路线有两条:一条为大循环;另一条为小循环,如图2-32所示。所谓大循环是冷却液温度高时,冷却液经过散热器而进行的循环流动;而小循环就是冷却液温度低时,冷却液不经过散热器而进行的循环流动,从而使冷却液温度升高。大、小循环的控制是通过节温器的开启与关闭实现的。

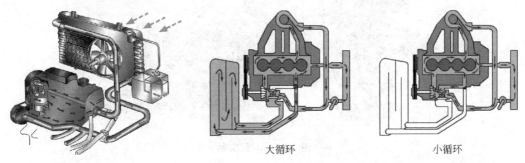

图2-31 冷却系统　　　图2-32 发动机冷却系统的大、小循环流动路线

冷却系统由水套、水泵、散热器、风扇、节温器和补水壶等组成,如图2-33所示。

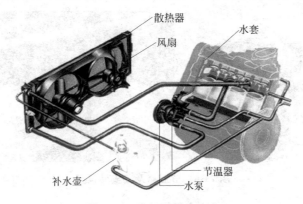

图2-33 冷却系统的组成

1. 散热器

散热器的功用是增大散热面积,加速冷却液的冷却。冷却液经过散热器后,其温度可降低10~15℃。为了将散热器传出的热量尽快带走,在散热器后面装有风扇与散热器配合工作,如图2-34所示。

图2-34 汽车散热器和风扇

2. 水泵

水泵的功用是对冷却液加压,加速冷却液的循环流动,保证冷却可靠。车用发动机上多采用离心式水泵,离心式水泵具有结构简单、尺寸小、排水量大、维修方便等优点,结构如图 2-35 所示。

图 2-35 水泵实物

通常利用节温器来控制通过散热器冷却液的流量。节温器安装在冷却液循环的通路中,一般安装在冷却系统上水管或下水管部位,如图 2-36 所示。

图 2-36 节温器及其安装位置

2.2.6 点火系统

汽油发动机点火系统由电源(蓄电池和发电机)、点火线圈、火花塞、控制器等组成,其作用是在一定时刻向气缸内提供电火花以点燃缸内可燃混合气。

发动机依照运转模式的不同可分为火花点火发动机及压缩点火发动机,汽油发动机属于火花点火发动机,而柴油发动机则属于压缩点火发动机。

汽油发动机吸入气缸的燃油和空气混合,在压缩行程终了时用电火花点燃,使混合气点燃产生强大的压力,推动活塞向下运动而做功。为此在汽油发动机上装有一套能在气缸中产生电火花的装置,称为点火系统。

发动机点火系统,按其组成和产生高压电的方式不同可分为传统点火系统、电子点火系统、微机控制点火系统。由于传统点火系统存在产生的高压电比较低、高速时工作不可靠、使用过程中需经常检查和维护等缺点,目前已被完全淘汰。传统点火系统如图 2-37

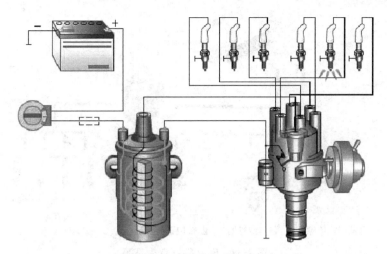

图 2-37 传统点火系统

所示。

电子点火系统虽然比传统点火系统可靠、使用方便,但点火控制精度、动态控制性能等无法与 ECU 控制点火系统相比,所以目前也已被 ECU 控制点火系统取代。电子点火系统如图 2-38 所示。

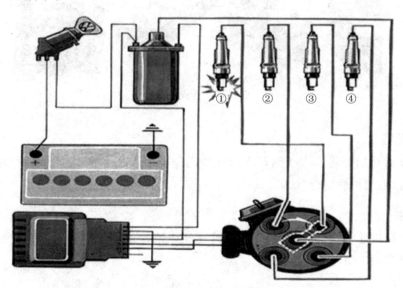

图 2-38 电子点火系统

ECU 控制点火系统由 ECU 控制系统根据各种传感器提供的反映发动机工况的信息,发出点火控制信号,控制点火时刻,点燃可燃混合气。ECU 控制点火系统是目前最新型的点火系统,已广泛应用于各种汽油发动机上。

ECU 控制点火系统主要由电子控制模块(ECU)、点火线圈、高压线、火花塞和曲轴位置传感器、爆震传感器、凸轮轴位置传感器等组成。ECU 控制点火系统如图 2-39 所示。

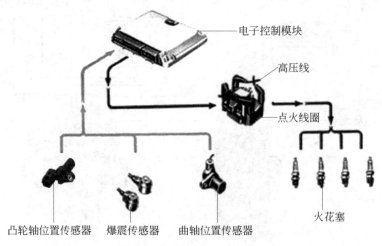

图 2-39　ECU 控制点火系统

1. 点火线圈

点火线圈的作用是产生高压火花，常见的点火线圈如图 2-40 所示。

图 2-40　点火线圈

2. 火花塞

火花塞的功用是将点火线圈产生的脉冲高压电引入燃烧室，并在其两个电极之间产生电火花，以点燃可燃混合气。

3. 缸线

缸线即高压导线，它将点火线圈产生的高压电流传送到相应气缸的火花塞。火花塞和缸线如图 2-41 所示。

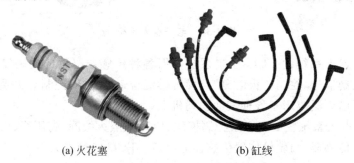

(a) 火花塞　　　　　　　　(b) 缸线

图 2-41　火花塞和缸线

4. 电子控制模块（ECU）和传感器

电子控制模块根据曲轴的不同位置，按一定顺序控制两个或多个点火线圈的初级绕组，以实现电子式高压配电。根据曲轴位置传感器和凸轮轴位置传感器信号确定需要控制的点火线圈初级绕组。根据爆震传感器来校正点火提前角。常见的电子控制模块和传感器如图 2-42 所示。

(a) 电子控制模块

(b) 曲轴位置传感器

(c) 凸轮轴位置传感器

(d) 爆震传感器

图 2-42　电子控制模块和传感器

2.2.7　起动系统

起动系统的功用是带动曲轴飞轮组转动，使活塞在气缸内做往复运动，气缸内的可燃混合气燃烧膨胀做功，推动活塞向下运动使曲轴旋转，直到发动机工作循环自动进行。

起动系统由起动机、点火开关、蓄电池、起动机继电器等组成，如图 2-43 所示。

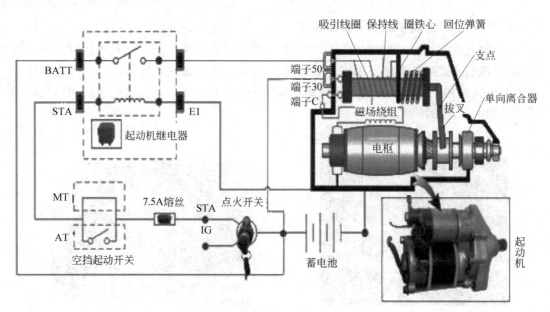

图 2-43 起动系统

2.3 发动机电控系统的认识

学习目标

（1）能描述发动机电控系统的主要部件名称；
（2）能描述发动机电控系统的主要部件的安装位置；
（3）能描述发动机电控系统的主要部件的作用及结构。

电控发动机与非电控发动机相比在结构和功能上有很大的改进。它可以精确地控制进入发动机气缸内的空气和燃油的混合比、燃烧过程及废气转换，以优化发动机性能，改善汽车驾驶性能，并且更加严格地控制汽车所排出的废气对空气的污染。

 2.3.1 发动机电控系统的组成

发动机电控系统由传感器、电子控制单元（ECU）和执行器三部分组成，如图 2-44 所示。

 2.3.2 发动机电控系统的主要部件

本节主要以 BOSCH M3.8.2 电控燃油喷射系统为例介绍电控系统。如图 2-45 所示的是桑塔纳 2000 电控系统部件在车上的安装位置。

1. 节气门体总成

BOSCH M3.8.2 电控燃油喷射系统装用的节气门体是一个电动机系统组件，节气门体安装在空气流量计之后，进气歧管之前。整体式怠速稳定装置壳体不能打开，节气门电

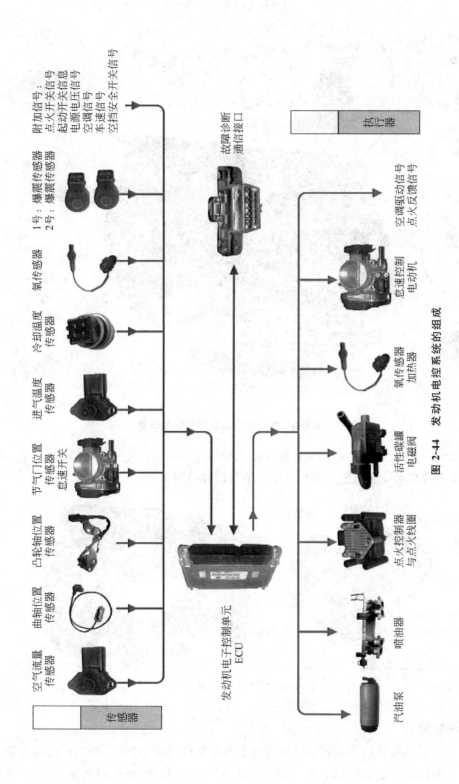

图 2-44 发动机电控系统的组成

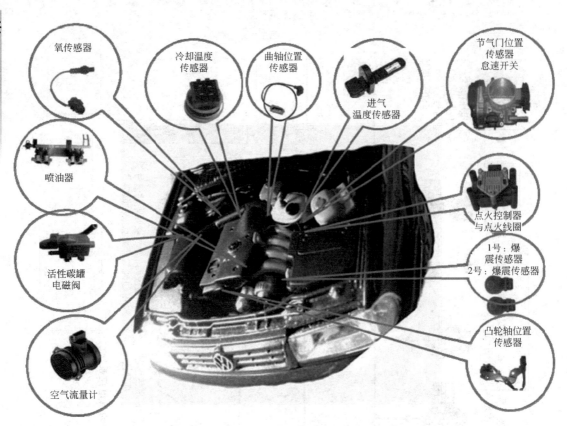

图 2-45　桑塔纳 2000 电控系统部件安装位置

位计、怠速节气门电位计、怠速开关、怠速电动机和应急弹簧均不允许人工调整,只能借助故障诊断仪中的基本设定功能来进行设定。节气门体总成如图 2-46 所示。

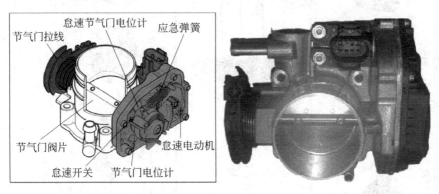

图 2-46　节气门体总成

2. 空气流量计

大众 AJR 发动机采用热膜式空气流量计作为负荷传感器,安装在空气过滤器和进气软管之间。热膜式空气流量计的主要元件是热电阻。在工作中,热电阻被加热,使之与进气温度保持恒定温差,随着进气量的变化,为维持这个恒定温差所需的电流也随之变化,最终在精密电阻上产生一个与进气质量流量成比例的电压信号。该电压信号将作为空气流量的模拟信号传给控制单元。如图2-47所示。

3. 进气压力传感器

在大部分的中低档车上一般用进气压力传感器取代空气流量传感器，检测进入气缸的空气量。

进气压力传感器的作用是提供发动机负荷信息，即通过对进气管的压力测量，间接测量进入发动机的进气量，再通过内部电路使进气量转化成电信号，提供给控制单元。

进气压力传感器的安装在进气歧管稳压腔上，如图2-48所示。

图 2-47　空气流量计　　　　图 2-48　进气压力传感器及其安装位置

4. 曲轴位置传感器

曲轴位置传感器是一个磁感应传感器，采集曲轴转角位置和发动机转速信号。在曲轴上有一个靶轮，靶轮上有60个齿，当靶轮经过传感器时，产生一个交变电压信号，其频率随发动机转速变化而变化，控制单元根据交变电压的频率识别发动机的转速。在靶轮上有一处缺两个齿，传感器扫描到该处时，1缸活塞处于上止点前72°，它是作为控制单元识别曲轴转角位置的基准标记。如图2-49所示。

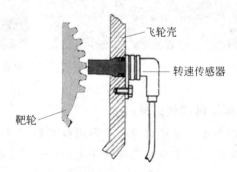

(a) 曲轴位置传感器　　　　(b) 曲轴位置传感器的安装位置

图 2-49　曲轴位置传感器及其安装位置

5. 凸轮轴位置传感器

凸轮轴位置传感器安装在气缸盖右侧，进气凸轮轴后端。它是一个按霍尔原理工作的电子开关,如图 2-50 所示。霍尔传感器隔板上有一个霍尔窗口,凸轮轴每转一周(曲轴转两周)产生一个信号,该信号出现在 1 缸压缩冲程上止点前 72°。中央控制器根据此信号可识别 1 缸压缩冲程上止点位置,用于顺序喷油和爆震控制。

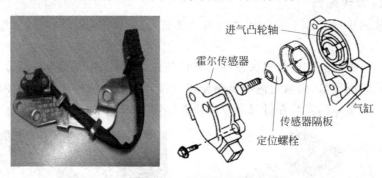

图 2-50 霍尔传感器

如果凸轮轴位置传感器信号中断,它没有替代功能,控制单元不能区分 1 缸和 4 缸,爆震调节与控制进入应急运转状态,点火角普遍推迟,发动机功率将下降。

6. 进气温度传感器

进气温度传感器是一个负温度系数(NTC)电阻,即温度升高,电阻值下降。它安装在进气管路中。桑塔纳 2000 进气温度传感器安装在节气门体后方进气管上,如图 2-51 所示。

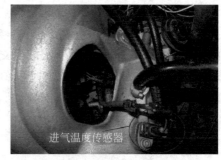

图 2-51 进气温度传感器及其安装位置

7. 冷却液温度传感器

冷却液温度传感器也是一个负温度系数(NTC)电阻,它与水温表传感器装在一个壳体里。安装在气缸盖出水口管接头上,如图 2-52 所示。

8. 爆震传感器

AJR 发动机采用两个爆震传感器,分别安装在气缸体进气侧 1 缸和 2 缸、3 缸和 4 缸之间。当发动机要发生爆震时,气缸中的爆震信号传递到爆震传感器的压电陶瓷,在其上产生一个电压信号,控制单元根据这个电压信号识别出发生爆震的气缸,并推迟该缸的点火角。如图 2-53 所示为爆震传感器实物。

图 2-52　冷却液温度传感器及其安装位置

图 2-53　爆震传感器

9. 氧传感器

氧传感器安装在排气管上，如图 2-54 所示。

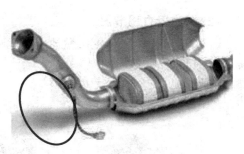

图 2-54　氧传感器及其安装位置

10. 点火线圈

点火线圈壳体内设置有两个单独的点火线圈，其中一个点火线圈同时为 1 缸和 4 缸提供点火，另一个点火线圈同时为 2 缸和 3 缸提供点火，如图 2-55 所示。

11. 喷油器

喷油器是一个电磁控制燃油阀，它安装在燃油分配管上。在恒定的供油压力情况下，控制单元输出喷油脉冲宽度信号，喷油器将相应的喷油量喷入进气歧管内进气门前。喷油器结构和实物如图 2-56 所示。

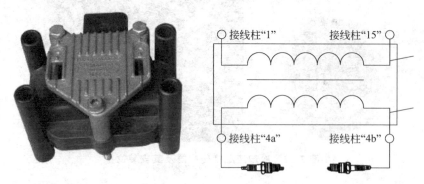

图 2-55　双缸点火线圈

图 2-56　喷油器结构和实物

12. 燃油压力调节器

燃油压力调节器安装在燃油分配管上,其内部有一个膜片和校正弹簧,如图 2-57 所示。

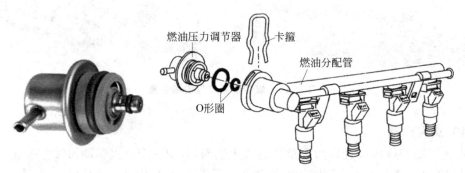

图 2-57　燃油压力调节器结构及实物

13. 活性碳罐电磁阀

活性碳罐电磁阀安装在活性碳罐和节气门体之间,如图 2-58 所示。

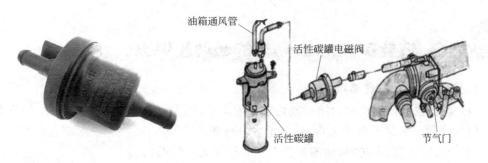

图 2-58 活性碳罐电磁阀及其安装位置

14. 电动燃油泵

桑塔纳 2000AJR 发动机采用 VDO 公司生产的电动燃油泵与油位传感器集成于一体,并置于油箱之中,如图 2-59 所示。

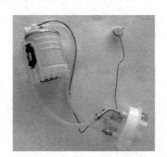

图 2-59 桑塔纳 2000 燃油泵及其安装位置

15. 电子控制单元

发动机电子控制单元(ECU)是汽车电子控制系统的控制中心,其功能是分析处理传感器采集的各种信息,并向执行器发出控制指令,使之产生相应动作,确保发动机始终处于最佳的工作状态。

发动机电子控制单元一般安装于发动机舱或驾驶室内。桑塔纳 AJR 发动机电子控制单元及其安装位置如图 2-60 所示。

图 2-60 发动机电子控制单元及其安装位置

2.4 技能实训：发动机的起动和熄火

1. 安全要求及注意事项

（1）切勿在通风不良或封闭空间内起动发动机，因发动机尾气含有毒气体，要谨防中毒。尾气中的一氧化碳可使人昏迷，甚至窒息致死。

（2）发动机起动运转时，切不可让车辆处于无人照管的状态。

（3）只要发动机未达到工作温度，应避免发动机高转速、高负荷和油门全开，否则有损坏发动机的风险。

（4）如果发动机关闭后立即使用起动机，起动机和发动机可能会损坏。

（5）实习结束后，关闭发动机舱盖前，应注意观察其他同学的情况，防止放下发动机舱盖时压到同学的手。

（6）实习结束后，要整理清洁工具和场地。

2. 对设备、工具、耗材的要求

（1）设备：实训车辆别克凯越轿车。

（2）耗材：抹布若干。

3. 发动机的起动和熄火

汽车在行驶之前首先需要起动发动机，在停驶之后要使发动机熄火。掌握正确的起动和熄火操作方法，可延长发动机寿命，防止损坏发动机，确保启动安全性。凯越轿车起动和熄火的规范操作方法如下。

1）点火开关

点火开关有 LOCK、ACC、ON 和 START 四个位置，将点火开关钥匙插入点火开关，首先在 LOCK 位置，然后顺时针旋转可依次至 ACC、ON 和 START 位置。

各位置的作用如下。

LOCK 位置："锁"位置。在该位置，点火开关钥匙可插入点火开关或从点火开关拔出钥匙。

ACC 位置：接通低电流电源。在这个位置，可以使用音响、电动车窗、电动后视镜、收音机、点烟器等电器附件，但有关行车的电器设备在这个位置不会接通。

ON 位置：接通行车有关的电器设备。例如，电动油泵、ABS、安全气囊等；发动机温度指示等各系统通电自检，仪表上相应的指示灯会点亮，自检 4~5s 后，如系统正常，除发动机警告灯之外，基本所有指示灯都会熄灭。点火钥匙在挡位停留的时间不能过长（最好不超过 5min），否则会虚耗很多电能。

START 位置：起动发动机。当发动机起动之后，松开点火钥匙，它会自动返回 ON 位置。

2）起动

（1）手动挡汽车起动步骤。

① 左脚踩下离合器踏板，如图 2-61 所示。

② 变速器换挡杆处在空挡位置,如图 2-62 所示。

图 2-61　踩下离合器踏板

图 2-62　换挡杆处在空挡

③ 将点火开关钥匙插入点火开关,如图 2-63 所示。

注意:有的点火开关钥匙内有电子芯片,受到撞击会损坏。所以一定要防止摔坏或受到撞击。

④ 按箭头所示顺时针方向转动钥匙到 START 位置,如图 2-64 所示。保持 2～3s,听到发动机起动运行后,松开手指,点火开关钥匙即可自动回至 ON 位置。

图 2-63　钥匙插入点火开关

图 2-64　转动钥匙至 START 位置

⑤ 观察仪表板上的发动机转速表,起动后冷车时发动机转速约为 1200r/min,热车后约为 800r/min,如图 2-65 所示。

(2) 自动挡汽车起动步骤。

① 将变速器换挡杆处在 P 挡位置,如图 2-66 所示。

图 2-65　发动机转速表显示

图 2-66　换挡杆处在 P 挡位置

② 或将变速器换挡杆处在 N 挡位置，如图 2-67 所示。

注意：在挂 P 挡或 N 挡时，需踩住制动踏板。其余步骤与手动挡汽车的起动步骤相同。

3）熄火

(1) 手动变速器车辆：将变速器换挡杆处于空挡，拉紧驻车制动器，将发动机熄火。

① 检查变速器换挡杆是否处在空挡位置，如图 2-68 所示。

图 2-67 换挡杆处在 N 挡位置

图 2-68 换挡杆处在空挡位置

② 向上拉紧驻车制动器，如图 2-69 所示。

③ 按箭头所示方向转动钥匙至 LOCK 位置，如图 2-70 所示。发动机熄火，拔出点火钥匙。

图 2-69 拉紧驻车制动器

图 2-70 转动钥匙至 LOCK 位置

(2) 自动变速器车辆：将换挡杆拨至 P 或 N 挡位，拉紧驻车制动器后，方可将发动机熄火。对于自动挡汽车，变速杆不在 P 挡位置，钥匙是不能取下来的。

注意：钥匙在点火开关中转动困难并不是故障，是由于转向盘自锁装置的作用。只要轻轻晃动转向盘，即可转动钥匙或将其拔下。

2.5 技能实训：选用与添加发动机燃油

1. 安全要求及注意事项

(1) 不正确添加燃油可能引发火灾、爆炸、致伤，甚至致死人员。

（2）加油时请务必关闭移动电话，否则电子辐射可能会点燃火花并导致火灾。

（3）燃油属高可燃性及可爆性物质，可导致人员严重烧伤和其他伤害。

（4）必须将加油枪正确置于加油口内，否则燃油可能溢出或溅出油箱。溢出或溅出的燃油可能引发火灾，烧伤人员。

（5）添加燃油时切勿进入车内。若不得不进入车内，则必须关闭车门，并在再次接触加油枪前应触摸一下金属表面，这样可去除身上的静电荷；否则，可能产生电火花，加油时可能引发火灾。

（6）添加燃油时切勿吸烟，要远离明火，谨防引爆燃油。

（7）安全起见，建议不要随车携带备用油罐，以免发生事故时油罐破损泄漏，引发火灾。

2. 对设备、工具、耗材的要求

（1）设备：上海大众朗逸或其他实训车辆。

（2）耗材：抹布若干。

3. 燃油的选用

发动机的压缩比是汽车选择汽油标号的首要标准，也是当代汽车的核心节能指标。发动机的运行是由气缸的"进吸气→压缩→做功→排气"这样周而复始的运动所组成，活塞在行程的下止点和上止点时的气缸体积之比就是压缩比。降低油耗的成本最低、效果最好的方法就是提高发动机的压缩比。提高压缩比只是改变活塞行程，混合油气压缩得越厉害，它燃烧的反作用也越大，燃烧越充分。但压缩比不是轻易能提高的，因为得有另一个指标配合，即汽油的抗爆性指标，亦称辛烷值，即汽油标号。

汽油发动机随着转速的提高，点火是越来越提前的。当点火提前角过大时，容易产生爆震。汽油的标号决定了爆震点的早晚，其实也就是决定了发动机的功率大小。燃油的抗爆震性能随其组成而异。燃油的抗爆震性越高，发动机的压缩比也可能越高，发动机的经济性和动力性都会得到提高。燃油的抗爆震性不仅取决于燃油的性质，还随发动机的形式、空燃比、冷却水温、进气温度、点火提前角、气门定时等而变化。

为评定燃油的抗爆震性能，一般采用两种方法：马达法和研究法。评定工作一般在一台专门设计的可变压缩比的单缸发动机上进行。

马达法规定试验工况为：进气温度为149℃，冷却水温度为100℃，发动机转速为900r/min，点火提前角为上止点前14°～26°。试验时，先用被测定燃油工作，逐渐改变压缩比，直到爆震仪上指出标准爆震强度为止。然后，保持压缩比等条件不变，换用标准燃油工作。标准燃油是由抗爆性很高的异辛烷C_8H_{18}（定其辛烷值为100）和易爆燃的正庚烷（定其辛烷值为0）的混合液。逐渐改变异辛烷和正庚烷的比例，直到标准燃油所产生的爆燃强度与上述被测燃油相同时为止。这时标准燃油中所含异辛烷的体积百分数就是被测燃油的辛烷值。辛烷值高，燃油的抗爆震性就好，反之抗爆震性就差。

研究法与马达法的试验方法相同，只是规定的试验条件不同而已。研究法规定的工况为：进气温度为51.7℃，冷却水温度为100℃，发动机转速为600r/min，点火提前角为13°。由于马达法规定的条件比研究法苛刻，因此所测出的辛烷值比较低。同一种燃油用马达法测出的辛烷值为 85 时,相当于研究法辛烷值为 92;马达法为 90 时,研究法为 97。现在加油站用的是研究法辛烷值。

汽车选用燃油时可以使用辛烷值高于本车适用值的汽油,但不会提高发动机功率和降低燃油消耗率。为保证性能,推荐使用优质无铅汽油,建议使用含低硫量或不含硫的汽油,从而可降低燃油消耗率。

4. 燃油的添加

添加燃油前务必关闭发动机。

(1) 打开加油口盖板。燃油箱盖板位于汽车右后侧,燃油箱盖板由中央集控门锁控制。使用钥匙或中央集控门锁系统解锁汽车。

① 打开燃油箱盖板,如图 2-71 所示。

图 2-71　打开燃油箱盖板

② 逆时针拧下加油口盖,如图 2-72 所示。

图 2-72　逆时针拧下加油口盖

③ 将加油盖挂在加油口盖板上,如图 2-73 所示。

(2) 关闭加油口盖板。

① 顺时针拧加油口盖,直至听到啮合声。

② 关闭油箱盖板。

注意:

(1) 燃油箱内的燃油降至备用油位,组合仪表内的警告灯即亮起。此外,组合仪表显示屏可能显示相关文字信息,提示驾驶员尽早添加燃油。

图 2-73 将加油盖挂在加油口盖板上

（2）加油时一旦自动加油枪跳开，说明燃油已加满。不得继续添加燃油，否则车辆起动后，为膨胀而预留的空间将被胀满并导致燃油溢出。

2.6 技能实训：选用与检查发动机润滑油

1. 安全要求及注意事项

（1）发动机润滑油含有毒物质，处理废润滑油前应将废润滑油存放在安全场所，谨防儿童接触。

（2）加注润滑油时务必谨慎，切勿将润滑油洒到高温发动机舱内。

（3）润滑油加注口盖必须始终处于拧紧状态，否则发动机运转时可能溅出润滑油，要谨防引发火灾。

（4）放出的废润滑油应存放在合适的容器内，容器须足够大，可装下所有废润滑油。

（5）切勿将润滑油存放在空食品容器、瓶或任何非原装润滑油容器内，否则可能将润滑油误认作食品，导致中毒事故。

2. 对设备、工具、耗材的要求

（1）设备：上海大众朗逸或其他实训车辆。

（2）耗材：专用润滑油、抹布若干。

3. 发动机润滑油的选用

发动机润滑油分为汽油发动机润滑油和柴油发动机润滑油。正确使用润滑油是保证发动机正常工作的重要前提，合理使用润滑油不仅可以减少发动机故障，延长发动机寿命，还能降低油耗，减少排放。

1）润滑油的性能

润滑油的主要作用是润滑发动机的各个运动部位，从而减少摩擦和磨损，达到节约燃料和延长发动机寿命的目的。发动机需要润滑的部位包括活塞与气缸壁、各个轴承、凸轮及挺杆等。此外，润滑油还有密封气缸和散热的作用。通常润滑油应该具备以下几点性能。

（1）有适当的黏度。发动机的工作压力很高，主轴承、连杆轴承等部位要承受很高的负荷。若润滑油不能在运动部位形成一定厚度的油膜,发动机磨损就会增大。黏度过低会使气缸密封不严,润滑油油耗增大,黏度过大会使摩擦阻力增大,造成燃油油耗增大,冷起动困难。

(2) 有良好的黏温特性。黏温特性是指润滑油黏度随温度升高而减小,随温度降低而增大的性质。黏度随温度变化越小,润滑油的黏温特性越好,对使用越有利。

(3) 有较低的凝点。若润滑油的凝点高,冬季气温较低时润滑油流动困难,甚至会凝固,轻则造成发动机暖机时间长,重则导致发动机无法起动。

(4) 有良好的抗氧化性。抗氧化性是指润滑油抵抗氧化的能力。以汽油机为例,活塞头环处温度约为205℃,活塞裙部约为110℃,主轴承处约为85℃,润滑油在这样的高温下极易氧化。此外,气缸窜气也会加剧润滑油的氧化。

(5) 有良好的清净分散性。清净分散性是指润滑油能够防止形成积碳、漆膜和油泥的能力。清净分散性是润滑油的特殊性质,只有清净性好的润滑油才能有效防止积碳、漆膜和油泥的生成。

2) 润滑油的分类

目前我国在用车的润滑油的分类主要依据 API 标准("美国石油协会"标准)和 SAE 标准("美国汽车工程学会"标准)。

(1) API 标准。该标准将汽油润滑油分为 SA、SB、SC、SD、SE、SF、SG、SH、SJ、SL、SM、SN 等质量等级,将柴油润滑油分为 CA、CB、CC、CD、CE、CF-4 等质量等级。这些不同质量等级的润滑油,排序越靠后的质量等级越高,性能越好。例如,SN 是目前品质级别最高的汽油润滑油等级。通常汽油润滑油和柴油润滑油是不能互换使用的,但也有一些润滑油除外。例如,标有 CD/SF 的润滑油既可作为 CD 级柴油润滑油,也可作为 SF 级汽油润滑油。

(2) SAE 标准。该标准将润滑油分成 0W、5W、10W、15W、20W、30、40 等若干等级,排序越靠前的黏度越小。其中,带有 W 的表示冬季用油,30 和 40 是夏用润滑油。只符合上述某个黏度等级的润滑油称为单级油,只能在夏季或冬季使用,换季时应换用相应的润滑油。随着增黏剂(或称黏度指数改进剂)的广泛使用,许多润滑油可以同时符合两个黏度等级,这样的润滑油称为多级油,即冬夏通用油。如上海大众汽车使用的 SAE 5W-40 润滑油,既可作为 5W 的冬季用油,也可作为 40 的夏季用油。

4. 发动机润滑油的检查

若发动机处于热态时检查润滑油液位,则应先关闭发动机,等待数分钟,直至润滑油全部流回油底壳后方可检查润滑油液位;发动机处于冷态时可立即检查润滑油液位。

(1) 将车辆停放在平地。

(2) 打开发动机舱盖,如图 2-74 所示。

(3) 拔出机油标尺,如图 2-75 所示。

(4) 用干净布擦去标尺上的油迹,再将其尽可能插到底,如图 2-76 所示。

(5) 再次拔出机油标尺,读取测得的液位,如图 2-77 所示,按需要添加润滑油。

图 2-74　打开发动机舱盖

图 2-75　拔出机油标尺

图 2-76　用干净布擦去标尺上的油迹

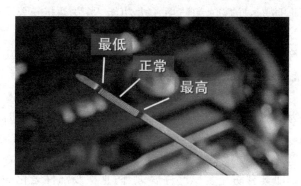

图 2-77　读取机油尺的液位

(6) 插入标尺,并将其插到底。

机油标尺的位置 MAX(机油标尺上拐点)表示的是润滑油液面高度的上限。MIN(机油标尺下拐点)表示的是润滑油液面高度的下限。发动机均会消耗一定量的润滑油,因此必须定期检查润滑油液位,最好在添加燃油时和长途行驶前检查润滑油液位。夏季在高速公路上长途行驶或牵引挂车行驶或在山道行驶,发动机在苛刻条件下运转,润滑油液位最好保持在 MAX 位置,但勿超过 MAX 位置。

2.7 技能实训：选用与检查发动机冷却液

1. 安全要求及注意事项

（1）当发动机热的时候，禁止直接拧开散热器或膨胀水箱盖，否则会导致冷却液沸腾并飞溅出来，造成严重烫伤。

（2）冷却液添加剂必须存放在原装容器内，勿让儿童接触！放出的废冷却液也应按此处理。

（3）切勿将冷却液存放在空的食品容器、瓶或任何非原装机油容器内，否则可能将冷却液误认作食品，导致中毒事故。

（4）若可见蒸汽或冷却液逸出发动机舱，切不可打开发动机舱盖，谨防烫伤。直到无蒸汽或冷却液逸出时方可打开发动机舱盖。

2. 对设备、工具、耗材的要求

（1）设备：上海大众朗逸或其他实训车辆。

（2）耗材：专用冷却液、抹布若干。

3. 发动机冷却液的选用

冷却液可以防止寒冷季节停车时冷却液结冰而胀裂散热器和冻坏发动机气缸体，冷却液不仅仅是冬季使用的，夏季也应使用。

（1）冷却液的作用

冷却液具有冷却、防冻、防腐蚀和防垢4大功能，是发动机正常运转不可缺少的散热介质。

① 冷却功能。符合国家标准的冷却液，沸点通常都是超过110℃，比起水的沸点100℃要高，冷却液能耐受更高的温度而不沸腾，在一定程度上满足了高负荷发动机的散热冷却需要。

② 防冻功能。为了防止汽车在冬季停车后，由于温度过低冷却液结冰而造成水箱、发动机缸体胀裂，所以要求冷却液的冰点应低于该地区最低温度的基础上再低10℃左右，以备天气突变。

③ 防腐蚀功能。即具有防止金属部件腐蚀、防止橡胶部件老化的作用。

④ 防垢功能。冷却液在循环中应尽可能少地减少水垢的产生，以免堵塞循环管道，影响冷却系统的散热功能。

（2）冷却液的分类

冷却液由水、防冻剂、添加剂三部分组成，按防冻剂成分不同可分为酒精型、甘油型、乙二醇型等类型。

① 酒精型冷却液。酒精型冷却液是用乙醇作防冻剂，价格便宜，流动性好，配制工艺简单，但沸点较低、易挥发损失、冰点易升高、易燃等，现已逐渐被淘汰。

② 甘油型冷却液。甘油型冷却液沸点高、挥发性小、不易着火、无毒、腐蚀性小，但降低冰点效果不佳、成本高、价格昂贵，用户难以接受，只有少数北欧国家仍在使用。

③乙二醇型冷却液。乙二醇型冷却液是用乙二醇作为防冻剂,并添加少量抗泡沫、防腐蚀等综合添加剂配制而成。由于乙二醇易溶于水,可以任意配成各种冰点的冷却液,其最低冰点可达-68℃,这种冷却液具有沸点高、泡沫倾向低、黏温性能好、防腐和防垢等特点,是一种较为理想的冷却液,目前国内外发动机所使用的和市场上所出售的冷却液几乎都是乙二醇型冷却液。

我国汽车发动机冷却液现行标准是《汽车及轻负荷发动机用乙二醇型冷却液》(SH 0521—1999)。冷却液按冰点分为-25号、-30号、-35号、-40号、-45号和-50号六个牌号。选用发动机冷却液时,冷却液的冰点要低于环境最低温度10℃左右,南方地区一般选用-25号或-30号既可,北方则需要选用-45号或-50号的冷却液。

(3) 上海大众汽车采用的冷却液技术标准

上海大众汽车规定使用G12高效冷却液。上海大众汽车冷却液瓶装规格一般为1.5L,如图2-78所示。加注冷却液的示意图见图2-79。

图2-78 瓶装冷却液

图2-79 加注冷却液

4. 发动机冷却液的检查

检查冷却液液位时,发动机应处于冷态,冷却液液位应位于MAX和MIN之间,如图2-80所示。液位低于MIN时需加注冷却液。

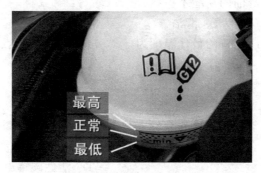

图2-80 冷却液液位检查

必须使用G12冷却液。北方地区必须保证防冻能力最低至-25℃,个别地区达到

−35℃。如出于天气原因需要更强的防冻力,可提高 G12 的比例。但如果 G12 的比例超过 60%(防冻能力:−40℃),其防冻能力又会减弱并会降低发动机的冷却效果。

提示:如果出现不明原因的液体损失,须查明原因并排除故障。

冷却液添加剂 G12 使发动机具有防冻、防腐、防垢和提高沸点的特性。务必全年加注使用。特别是热带地区,冷却液的沸点升高有助于发动机高负荷运行的安全性。即使在温和的季节和地区,也不得用添加水的办法来降低冷却液的浓度。

练习与思考

1. 判断题(正确的打√,错误的打×)

(1) 二冲程发动机一个工作循环完成两个冲程,四冲程发动机一个工作循环完成四个冲程。　　　　　　　　　　　　　　　　　　　　　　　　　　　　　　(　　)
(2) 压缩比是指气缸工作容积和燃烧室容积之比。　　　　　　　　　　　(　　)
(3) 四冲程发动机一个工作循环,曲轴转动 720°。　　　　　　　　　　　(　　)
(4) 所有汽车发动机都由两大机构、五大系统组成。　　　　　　　　　　(　　)
(5) 汽油发动机压缩比越大,对汽油的油品要求越低。　　　　　　　　　(　　)

2. 选择题

(1) 汽车用柴油发动机没有(　　)。
　　A. 配气机构　　　　B. 燃料系统　　　　C. 起动系统　　　　D. 点火系统
(2) 按 SAE 黏度分级 20 为(　　)用油。
　　A. 冬季　　　　　　B. 夏季　　　　　　C. 春秋季　　　　　D. 冬秋季
(3) 气缸上、下止点之间的容积称为(　　)。
　　A. 气缸容积　　　　B. 工作容积　　　　C. 燃烧室容积　　　D. 发动机排量
(4) 汽油发动机点火在(　　)终了时进行。
　　A. 进气　　　　　　B. 压缩　　　　　　C. 做功　　　　　　D. 排气
(5) 下列发动机润滑油的功能不包括(　　)。
　　A. 润滑　　　　　　B. 清洁　　　　　　C. 冷却　　　　　　D. 防蚀
(6) 发动机冷却系统保持的最佳温度为(　　)。
　　A. 80~90℃　　　　B. 60~70℃　　　　C. 95~100℃　　　　D. 100~120℃
(7) 柴油发动机进气系统将(　　)送入气缸。
　　A. 纯净空气　　　　B. 纯净氧气　　　　C. 纯净柴油　　　　D. 可燃混合物
(8) 下列元件不属于执行元件的是(　　)。
　　A. 喷油器　　　　　　　　　　　　　　B. 空气流量计
　　C. 汽油泵　　　　　　　　　　　　　　D. 活性碳罐电磁阀

3. 简答题

(1) 发动机的两大机构和五大系统分别指什么?

(2) 简述四缸四冲程汽油发动机的工作过程。
(3) 发动机曲柄连杆机构的组成及各自的功能是什么？
(4) 发动机配气机构的组成及各自的功能是什么？
(5) 汽油发动机点火系统的工作原理是什么？
(6) 电控发动机由哪几部分组成？各自的功能是什么？
(7) 发动机润滑油的功能有哪些？怎样正确选用发动机润滑油？
(8) 发动机冷却液的功能有哪些？怎样正确选用发动机冷却液？

作业单 2-1 认识发动机主要部件的结构

姓名：_____ 班级：_____ 日期：_____

1. 按要求填写作业表 2-1。

作业表 2-1

序号	发动机分类	
1	按燃料分	
2	按冲程分	
3	按气缸布置方式分	
4	按冷却方式分	
5	按气缸数分	
6	按进气方式分	

问题：怎样快速判断发动机的类型？

2. 在作业表 2-2 的方格中填入曲柄连杆机构部件相应名称。

作业表 2-2

序号	部　件	名称	序号	部　件	名称
1			7	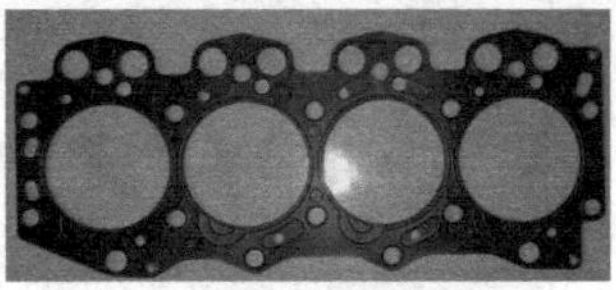	
2			8		
3			9	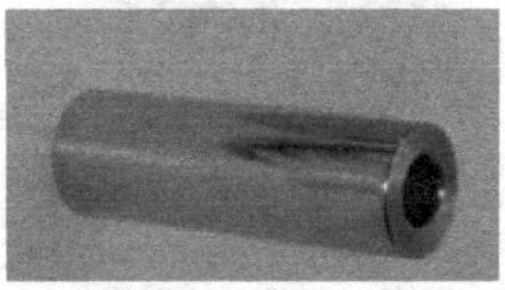	
4			10		
5	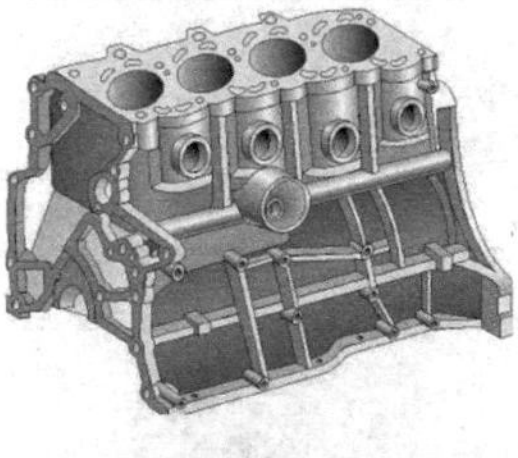		11	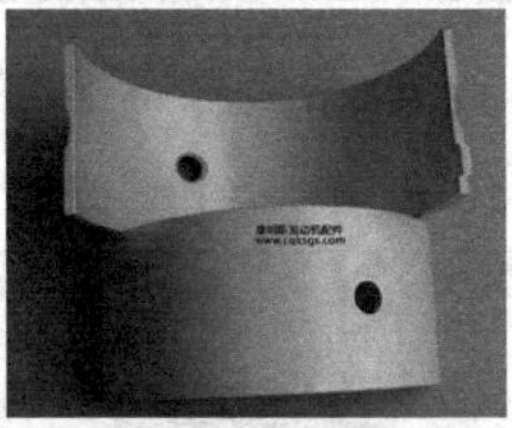	
6			12		

3. 在作业表2-3的方格中填入配气机构部件相应名称。

作业表 2-3

序号	部件	名称	序号	部件	名称
1	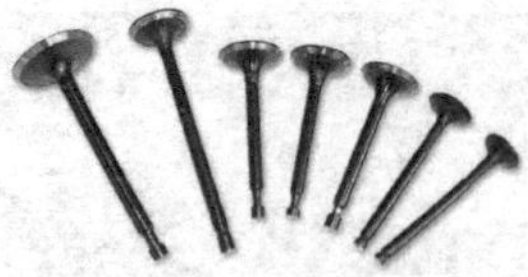		6		
2	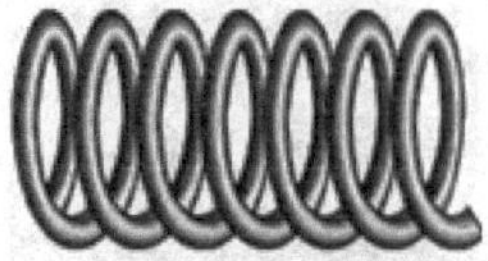		7		
3	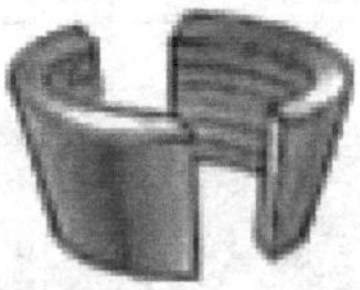		8		
4			9		
5	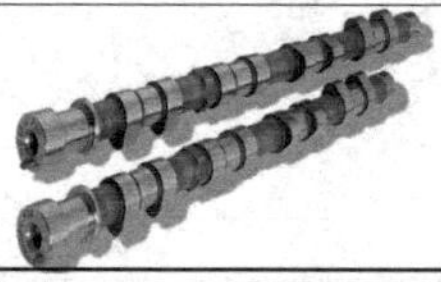		10	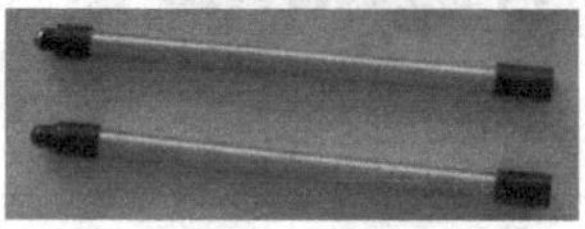	

4. 在作业表2-4的方格中填入冷却系统部件相应名称。

作业表 2-4

序号	部件	名称	序号	部件	名称
1			3		
2	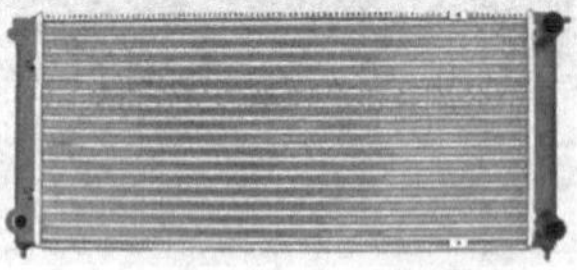		4		

模块 2 发动机的认识与使用

5. 在作业表 2-5 的方格中填入燃料供给系统部件相应名称。

作业表 2-5

序号	部　件	名称	序号	部　件	名称
1			6	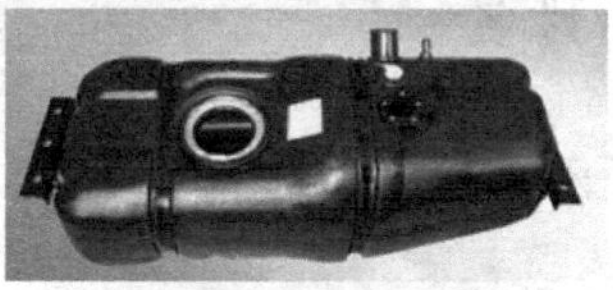	
2	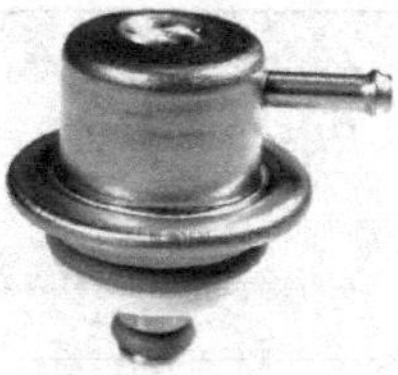		7		
3	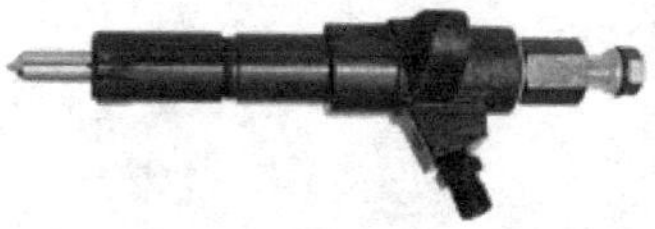		8		
4			9		
5			10		

作业单 2-2　发动机运行操作及油液的识别

姓名：_____　　班级：_____　　日期：_____

1. 在作业表 2-6 中写出起动发动机的操作步骤。

作业表　2-6

序号	操作步骤	操作注意事项
1		
2		
3		
4		
5		

2. 起动后观察仪表板上的水温表和发动机转速表。

发动机温度：_____ ℃

发动机转速：_____ r/min

3. 在作业表 2-7 中写出发动机熄火的操作步骤。

作业表　2-7

序号	操作步骤	操作注意事项
1		
2		
3		
4		
5		

4. 根据实训车辆查找相关信息，并填写作业表 2-8 和作业表 2-9。

（1）车辆 1

作业表　2-8

车辆品牌		发动机类型	
燃油标号			
润滑油型号			
冷却液型号			

（2）车辆 2

作业表　2-9

车辆品牌		发动机类型	
燃油标号			
润滑油型号			
冷却液型号			

模块 3

传动系统的认识与使用

1. 知识目标

（1）能描述离合器的功用及类型；
（2）能说出离合器主要工作部件的名称；
（3）能描述手动变速器的功用及结构；
（4）能描述手动变速器的挡位及其作用；
（5）能描述自动变速器的功用及类型；
（6）能描述自动变速器的型号及生产厂商。

2. 能力目标

（1）能描述离合器的工作过程及操作方法；
（2）能解释手动变速器的操作注意事项；
（3）能说出自动变速器各个挡位的名称及使用方法。

有一辆上海大众帕萨特领驭 1.8T 手动挡汽车，该车总行驶里程数近 15 万公里。某天车主在行驶过程中发现该车换挡较为困难，即使将离合器踏板踩到底依然难以挂挡，且有时发动机舱传出焦煳味。经修理厂检查，发现该车手动变速器的齿轮油极脏，且离合器磨损严重，已达使用极限。

◎ 服务方案

（1）听取客户报修的故障现象，请客户填写保修单；
（2）服务顾问填写客户有关数据，检查收取行驶证、保修单；
（3）验证客户叙述的故障，与客户沟通维修方案；
（4）拆检后根据传动系统内部损害情况和维修成本，确定维修方案。有修理价值，则对离合器及手动变速器进行大修；没有修理价值，则更换相应总成；
（5）任何一种维修方案都必须了解汽车构造与工作原理。

拓 扑 图

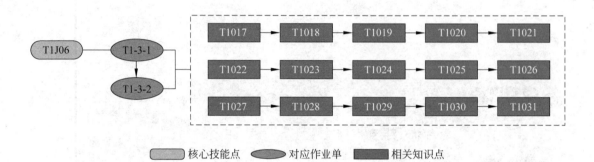

核心技能点

T1J06　认识传动系统主要部件的安装位置

对应作业单

T1-3-1　认识传动系统主要部件的结构
T1-3-2　查看车辆变速器的类型及挡位识别

相关知识点

T1017　离合器的功用　　　　　　　　　T1018　离合器的类型
T1019　离合器的主要工作部件　　　　　T1020　离合器的工作过程
T1021　离合器的正确操作方法　　　　　T1022　手动变速器的功用
T1023　手动变速器的结构　　　　　　　T1024　手动变速器的挡位
T1025　同步器　　　　　　　　　　　　T1026　手动变速器的操作注意事项
T1027　自动变速器的功用　　　　　　　T1028　自动变速器的种类
T1029　自动变速器制造商及铭牌的识别　T1030　自动变速器的型号
T1031　自动变速器的挡位

3.1 离合器的认识与使用

学习目标

(1) 能描述离合器的功用及常见类型;
(2) 能说出离合器主要工作部件的名称;
(3) 能描述离合器的工作过程及操作方法。

3.1.1 离合器的功用

汽车离合器是汽车发动机与变速箱之间的分离装置。离合器位于发动机和变速箱之间的飞轮壳内,用螺钉将离合器总成固定在飞轮的后平面上,离合器的输出轴就是变速箱的输入轴。汽车离合器的作用是:在汽车行驶过程中,驾驶员可根据需要踩下或松开离合器踏板,使发动机与变速箱暂时分离或平稳地接合,以切断或传递发动机向变速器输入的动力,从而便于驾驶员进行汽车的起步、停车、换挡等操作。

3.1.2 离合器的类型

离合器一般有膜片弹簧式和周布弹簧式两种。一般轿车上使用膜片弹簧式离合器,而货车或其他大型车辆上通常使用周布弹簧式离合器。

1. 膜片弹簧式离合器

膜片弹簧是这种离合器的主要部件之一,其材料为弹簧钢,形状呈碟形,由整块弹簧钢板压制而成。另外,这种离合器为总成件,且全部为铆钉连接,因此不可调整。膜片弹簧式离合器如图 3-1 所示,膜片弹簧如图 3-2 所示。

2. 周布弹簧式离合器

周布弹簧式离合器的弹簧为普通的螺旋弹簧,并且沿圆周分布,螺旋弹簧的数量一般为 9 个或 12 个,该离合器由于采用普通螺栓连接,因此其高度可调整,如图 3-3 所示。

图 3-1 膜片弹簧式离合器

图 3-2 膜片弹簧

图 3-3 周布弹簧式离合器

3.1.3 离合器的主要工作部件

1. 操纵机构部件

离合器操纵机构的主要工作部件有离合器踏板、助力弹簧、总泵、低压管路、储液壶、分泵、分离板及分离轴承等,如图 3-4 所示。

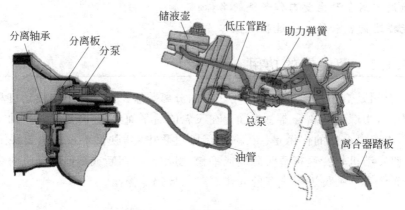

图 3-4 离合器的操纵机构

2. 传动机构部件

离合器传动机构的主要工作部件有飞轮、摩擦片(即从动盘)、减震弹簧、压盘及膜片弹簧等,如图 3-5 所示。

图 3-5 离合器的传动机构

3.1.4 离合器的工作过程

离合器的工作过程主要体现为结合和分离两个状态。在汽车的行驶过程中,大多数时间离合器处于结合状态,只有进行换挡等操作时,才短暂的处于分离状态。

1. 结合状态

踏板未踩下,离合器处于结合状态。此时飞轮、从动盘和压盘三者在弹簧自身的弹力之下相互压紧,动力从飞轮传至从动盘中间的花键轴(及变速器输入轴)处,如图 3-6 所示。

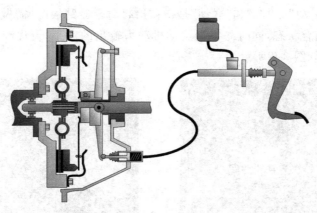

图 3-6　离合器的结合状态示意图

2. 分离状态

踩下踏板,离合器处于分离状态。此时踏板推动总泵工作,总泵产生液压力并将该力传至分泵,分泵的推杆将推动分离板和分离轴承动作,由于分离轴承压向膜片弹簧内端,所以膜片弹簧的外端将拉动压盘,飞轮、从动盘及压盘形成间隙,这三者之间的摩擦力消失,由此而中断动力传递,如图 3-7 所示。

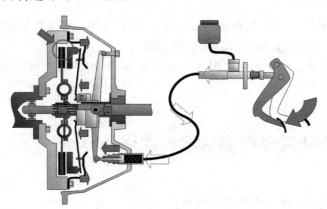

图 3-7　离合器的分离状态示意图

3.1.5　离合器的正确操作方法

在驾驶装备手动挡变速器的汽车时,需经常使用离合器,如起步、换挡及停车等过程中均有涉及。如不能正确地操作离合器,其使用寿命会急剧降低,从而增加用车成本,因此正确的使用离合器的操作方法至关重要。

1. 离合器的操作方法

总体来说,离合器操作需遵循三个原则,即"一快"、"二慢"、"三联动"。

(1)"快"。"快"是指踩下离合器踏板应该迅速果断,使离合器尽快分离,以中断动力传递,如图 3-8 所示。

(2)"慢"和"联动"。"慢"和"联动"是指在抬起离合器踏板时,需做到缓慢抬起,并且要注意离合器的结合状态,同时需根据发动机动力输出的大小,再逐渐踩下油门踏板,使汽车平稳地起步,如图 3-9 所示。

图 3-8 快速踩下离合器踏板

图 3-9 缓慢抬起离合器踏板

2. 离合器的操作注意事项

(1)在行车过程中,除换挡或起步之外尽量不要踩踏离合器踏板。

(2)停车时应及时将变速器挂入空挡,避免长时间踩住离合器踏板,否则易损坏离合器相关部件(如分离轴承)。

(3)在换挡过程中,应严格按照离合器正确的使用方法进行规范操作,否则易缩短离合器使用寿命和损坏变速器相关部件(如同步器)。

(4)离合器从动盘到达磨损极限后应及时更换,否则易引起离合器打滑或换挡困难等故障。

3.2 手动变速器的认识与使用

学习目标

(1)能描述手动变速器的功用及结构;

(2)能说出手动变速器的挡位及其作用;

(3)能理解手动变速器的操作注意事项。

3.2.1 手动变速器的功用

汽车手动变速器的功用主要有以下三点。

(1)改变汽车的行驶速度和汽车驱动轮上的扭矩。

(2)在发动机旋转方向不变的前提下,利用倒挡实现汽车倒向行驶。

(3)在发动机不熄火的情况下,利用空挡中断动力传递,可以使驾驶员松开离合器踏板、离开驾驶位置,且便于汽车起动、急速、换挡和动力输出。

模块3 传动系统的认识与使用

 3.2.2 手动变速器的结构

帕萨特领驭的手动变速器由分离轴承套筒、输入轴油封、齿轮箱、离合器分泵、变速器盖、差速器盖、齿轮油检查螺栓及车速传感器等零部件构成,如图3-10所示。

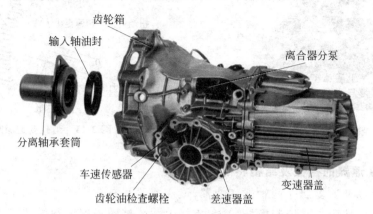

图3-10 帕萨特手动变速器外部结构

总体来说,可以将手动变速器分成传动机构和操纵机构两个部分。

传动机构主要由输入轴、输出轴、换挡齿轮及轴承等构成,输入轴由3个轴承(1个滚珠轴承和两个滚针轴承)支撑。滚珠轴承由2个卡簧固定,不同厚度的卡簧可以调整输入轴的定位,如图3-11所示。

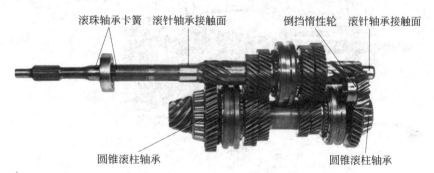

图3-11 帕萨特手动变速器的传动机构

操纵机构主要由内换挡轴、拨叉及挡位互锁装置等构成。内选挡轴在静止状态时处于3、4挡位置。内换挡轴的转动和轴向运动带动中间轴,从而带动相应的挡位拨叉挂上相应挡位。为了精确锁制某个挡位,有挡位自锁装置,如图3-12所示。

 3.2.3 手动变速器的挡位

1. 简单的齿轮变速器原理

齿轮是在外圈加工出轮齿的轮子,通常用于将转动力从一根轴传到另一根轴上。一般将两个大小不同的齿轮配合使用,以改变输出速度和转矩(旋转功能),如图3-13所示。

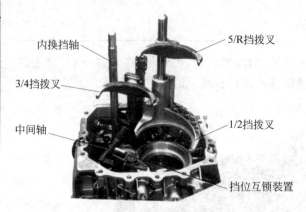

图 3-12 帕萨特手动变速器的操纵机构

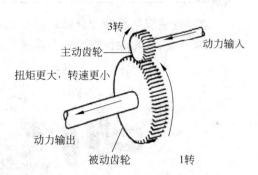

图 3-13 齿轮变速原理示意图

2. 手动变速器的挡位及结构特点

帕萨特手动变速器属于两轴式变速器,该变速器共有 5 个前进挡和 1 个倒挡。其中 1 挡、2 挡由 1、2 挡同步器控制换挡,3 挡、4 挡由 3、4 挡同步器控制换挡,5 挡、R 挡由 5、R 挡同步器控制换挡,如图 3-14 所示。

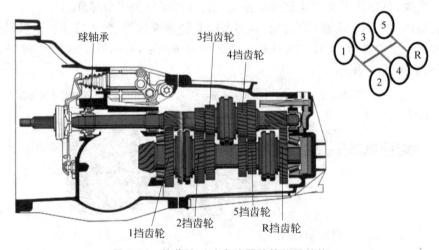

图 3-14 帕萨特手动变速器的挡位及结构

3、4 挡同步器安装在输入轴上,1、2 挡同步器及 5、R 挡同步器安装在输出轴上。

3.2.4 同步器

手动变速器的同步器可以缩短换挡时间,提高换挡效率,因此同步器是手动变速器中最重要的部件之一。

以图 3-15 所示的三锥面同步器为例,其主要由挡位齿轮、同步器齿毂、同步环(内环、中间环及外环)、齿套及滑块等构成。

一般手动变速器中装备有两种同步器,分别是单锥面式和三锥面式。二者的主要区别在于摩擦面积的大小,如图 3-16 和图 3-17 所示。

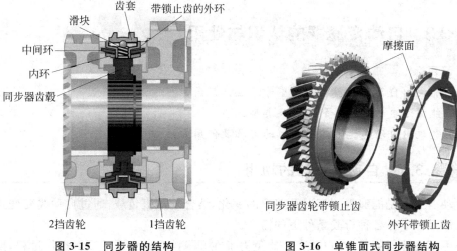

图 3-15 同步器的结构　　　　　图 3-16 单锥面式同步器结构

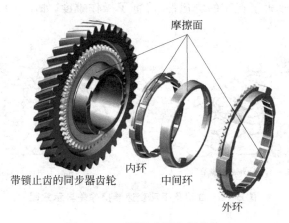

图 3-17 三锥面式同步器结构

三锥面式同步器几乎是同一尺寸单锥面式同步器的双倍摩擦面积。它越来越被厂家所广泛选用,性能越来越稳定。三锥面式同步器常用于1、2挡同步器中,其他同步器常用单锥面同步器。

 ### 3.2.5　手动变速器的操作注意事项

(1) 在换挡前应该将离合器踏板迅速踩到底,以避免变速器操纵机构受损。

(2) 在行驶过程中,不要长时间将手放在换挡杆上,否则容易引起变速器换挡拨叉过早磨损。

(3) 在挂倒挡时,应该让车辆处于静止状态。

(4) 车辆行驶过程中换挡时,应选好合适的换挡时机,以避免损坏变速器内部运动组件。

3.3 自动变速器的认识与使用

学习目标

（1）能说出自动变速器的常见型号及生产厂商；
（2）能描述自动变速器的功用及类型；
（3）能说出自动变速器各个挡位的名称及使用方法。

 ### 3.3.1 自动变速器的功用

自动变速器是能够根据车况及路况的变化，结合发动机负载，通过自动改变变速器的挡位来满足汽车在各种行驶条件下的需求。

与手动变速器相比较，自动变速器免去了在升降挡时离合器的频繁操作过程，换挡由电控单元自动控制，改善了行车的舒适性，降低了操作难度，如图3-18所示。

图 3-18　自动及手动变速器操作差异示意图

 ### 3.3.2 自动变速器的种类

目前汽车上常见的自动变速器有液力自动变速器（AT）、无级自动变速器（CVT）、电控机械自动变速器（AMT）及双离合器自动变速器（DSG）等，如图3-19～图3-22所示。

图 3-19　帕萨特领驭的液力自动变速器（AT）　　图 3-20　奥迪A6的无级自动变速器（CVT）

模块 3 传动系统的认识与使用

图 3-21 菲亚特博悦的电控机械自动变速器（AMT）　　图 3-22 新款帕萨特的双离合器自动变速器（DSG）

 ### 3.3.3 自动变速器制造商及铭牌的识别

1. AISIN（爱信）

爱信是一家日本的汽车零部件供应商，其业务遍及全世界。目前各大主流汽车制造厂（如丰田、奥迪、大众、通用、福特、沃尔沃及雪铁龙等）均选择爱信的产品。爱信的自动变速器在其变速器上都可以通过标牌进行识别，如图 3-23 所示。

图 3-23 爱信自动变速器的外观及铭牌

2. ZF（采埃孚）

采埃孚总部位于德国，是全球最大的零配件供应商之一，采埃孚集团的汽车动力传动系统和底盘技术具有世界领先水平。奥迪、大众、宝马、捷豹等高档车型均采用 ZF 的产品。ZF 的变速器也可以通过变速器的标牌来识别，如图 3-24 所示。

图 3-24 ZF 自动变速器铭牌

3.3.4 自动变速器的型号

1. 丰田自动变速器型号识别

丰田汽车的自动变速器大部分采用爱信的产品,但丰田的编码与爱信的编码有所不同。例如,爱信的 AW30-40LE 型号的变速器,用在丰田上的编码则为 A340E。下面以 A340E 编码为例,介绍丰田自动变速器编码的识别。

$$A \quad 3 \quad 4 \quad 0 \quad E$$
$$(1) \quad (2) \quad (3) \quad (4) \quad (5)$$

(1) A = 自动变速器,U = 智能型控制自动变速器,如 U140 E、U241E 等。

(2) 表示系列号,丰田有 1、2、3、4、5、6、7、9 系列的自动变速器,如 A750E、A960E 等。

(3) 表示前进挡数量,4 为 4 个前进挡,5 为 5 个前进挡。

(4) 表示变速器版本,0 为基本型,1 为经过第一次改进,2 为经过第二次改进。

(5) 表示控制系统,E 表示电子控制单元控制。

2. 宝马自动变速器型号识别

宝马大部分都采用采埃孚的自动变速器,变速器型号在变速器侧边的标牌上基本都可以识别,型号分别有 ZF 4HP 系列、5HP 系列、6HP 系列、8HP 系列。下面以 8HP 系列为例,介绍宝马的变速器编码识别。

$$ZF \quad 8 \quad H \quad P \quad 70$$
$$(1) \quad (2) \quad (3) \quad (4) \quad (5)$$

(1) 表示变速器生产厂商,ZF(采埃孚)为德国的变速器生产厂商。

(2) 表示变速器前进挡数量,8 为四前速,5 为五前速,6 为六前速,如 5HP19、6HP26 等。

(3) 表示变速器工作的最终执行通过液压完成。

(4) 表示变速器机械传动机构带有行星齿轮装置。

(5) 表示变速器的最大传递扭矩为 700N·m。

3.3.5 自动变速器的挡位

以帕萨特领驭 1.8T 所装备的 5 挡手自一体变速器为例,该自动变速器的挡位有 P 挡、R 挡、N 挡、D 挡、4 挡、3 挡、2 挡及 +、- 等,如图 3-25 所示。

P 挡为驻车挡,在车辆停止时可挂该挡位,发动机起动时换挡杆也应该位于该挡。变速器处于 P 挡时,其内部有机械锁止机构,防止车辆受外力而移动。

R 挡为倒车挡,车辆需要倒退时可挂该挡。

N 挡为空挡,当车辆临时停车(如等红灯时),可挂该挡。另外,发动机起动时换挡杆也

图 3-25 帕萨特领驭的挡位

应该位于该挡。

D 挡为前进挡,当车辆正常向前行驶时,可挂该挡位。

4 挡、3 挡、2 挡均为低速挡,如换挡杆位于"4 挡"时,变速器电脑可在 1~4 挡间自动选择合适的挡位,如换挡杆位于"3 挡"时,变速器电脑可在 1~3 挡间自动选择合适的挡位,以此类推。

＋、－为手动增减挡模式,向前推动一下,强行让变速器增加一个挡位,向后拉动一下,强行让变速器下降一个挡位。

此外,部分自动变速器除了常规的挡位之外,还配有一些模式开关,如 S、＊、O/D 等,如图 3-26 所示。

S 表示运动模式。在运动模式下,变速器会增大升挡转速,从而提高汽车的动力性。

＊表示雪地模式,在雨雪天气中可选用该模式。在雪地模式下,升挡转速会有所提前,从而有效控制发动机的动力输出,防止车轮打滑。

图 3-26　S 与 ＊ 等模式开关

O/D 表示超速开关,该开关关闭时,变速器的超速挡(即高挡位)使用受限。

3.4　技能实训：认识传动系统主要部件的安装位置

1. 安全要求及注意事项

(1) 不准赤脚或穿拖鞋、高跟鞋和裙子上课,留长发者要带工作帽。

(2) 上课时要集中精神,不准说笑、打闹。

(3) 进入汽车实训场地后,未经老师批准,不得动用实训车上的各项设备。

(4) 实训时,未经老师批准,不准进入车厢底部,防止汽车意外起动造成重大事故。

(5) 发动机运行时,严禁将手伸入发动机舱内。

(6) 实习结束,关闭发动机舱盖前,应注意观察其他同学的情况,防止放下发动机舱盖压到同学的手。

(7) 实习结束,整理清洁工具和场地。

2. 对设备、工具、耗材的要求

(1) 设备：举升机及各品牌手动挡或自动挡整车若干台(根据学生数配备)。

(2) 耗材：抹布若干。

3. 认识传动系统主要部件的安装位置

(1) 离合器踏板

离合器踏板的位置位于方向盘下方、驾驶员的左脚边,在如图 3-27 所示的三个踏板中,最左边的踏板即为离合器踏板。

对于自动挡车型,在该位置没有离合器踏板,只有制动及油门踏板,如图 3-28 所示。

图 3-27 手动挡车型的踏板

图 3-28 自动挡车型的踏板

（2）变速器换挡手柄

无论是手动变速器还是自动变速器，其换挡手柄一般均位于中控台下方、中央扶手前方、驾驶员的右手边，如图 3-29 和图 3-30 所示。

图 3-29 手动挡帕萨特领驭的换挡手柄位置

图 3-30 自动挡帕萨特领驭的换挡手柄位置

4. 认识变速器换挡杆上的挡位标识

汽车变速器的换挡杆有手动变速器换挡手柄和自动变速器换挡手柄两种。

在如图 3-31 所示的帕萨特领驭手动变速器换挡手柄上，1、2、3、4、5 表示为 5 个前进挡挡位，1 挡扭矩最大，速度最低，一般用于起步；5 挡扭矩最小，速度最大，一般用于高速行车。R 表示倒车挡，当车辆需要后退时使用。

在如图 3-32 所示的帕萨特领驭自动变速器换挡手柄上，P 表示驻车挡，R 表示倒车挡，N 表示空挡，D 表示前进挡，4、3、2 表示低速挡，＋、－表示手动增减挡。

图 3-31 手动挡帕萨特领驭换挡手柄标识

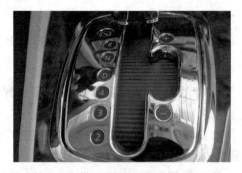

图 3-32 自动挡帕萨特领驭换挡手柄标识

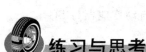

练习与思考

1. 判断题（正确的打√，错误的打×）

(1) 汽车上的离合器可以使发动机的动力与传动装置平稳地接合或暂时地分离。（　　）

(2) 膜片弹簧的材料为弹簧钢，形状呈碟形，由整块弹簧钢板压制而成。（　　）

(3) 膜片弹簧式离合器为总成件，且全部为铆钉连接，因此只能更换。（　　）

(4) 在汽车的行驶过程中，离合器大多数时间处于分离状态，只有当进行换挡等操作时，才短暂地处于结合状态。（　　）

(5) 手动变速器的同步器可以缩短换挡时间，提高换挡效率，因此同步器是手动变速器中最重要的部件之一。（　　）

(6) 三锥面式同步器几乎是相同尺寸单锥面式同步器的双倍摩擦面积。它越来越多地被厂家选用，性能越来越稳定。（　　）

(7) 自动变速器是能够自动根据车况及路况的变化，结合发动机负载，通过自动改变变速器的挡位，来满足汽车在各种行驶条件下的需求。（　　）

(8) ZF（采埃孚）总部位于日本，是全球最大的零配件供应商之一。（　　）

(9) D挡为驻车挡，在车辆停止时可挂该挡，发动机起动时换挡杆也应该位于该挡。（　　）

(10) 在挂R挡时，必须要让车辆完全停止才能挂挡，否则易损坏自动变速器。（　　）

2. 选择题

(1) 周布弹簧式离合器的弹簧为普通的螺旋弹簧，并且沿圆周分布，弹簧的数量一般为（　　）个，并且这种离合器由于采用的是普通螺栓连接，因此其高度可调。

　　A. 9　　　　　B. 10　　　　　C. 11　　　　　D. 12

(2) 下列（　　）属于离合器操纵机构的主要工作部件。

　　A. 离合器踏板　　B. 总泵　　　C. 储液壶　　　D. 分离轴承

(3) 下列（　　）属于离合器传动机构的主要工作部件。

　　A. 从动盘　　　B. 压盘　　　C. 膜片弹簧　　D. 油管

(4) 下列关于手动变速器功用的描述，正确的有（　　）。

　　A. 可以改变汽车的行驶速度，但不能改变驱动轮上的扭矩

　　B. 实现汽车倒向行驶

　　C. 利用空挡可以中断动力传递

　　D. 可以自动实现换挡

(5) 目前汽车上常见的自动变速器类型有（　　）。

　　A. 液力自动变速器（AT）　　　　B. 无级自动变速器（CVT）

C. 电控机械自动变速器（AMT）　　　　D. 双离合器自动变速器（DSG）

 3. 简答题

（1）汽车上的离合器在操作过程中的注意事项有哪些？

（2）手动变速器的操作注意事项有哪些？

（3）描述丰田自动变速器 A340E 的代号含义。

 4. 知识拓展题

（1）为什么自动挡的汽车没有离合器踏板？

（2）描述通用自动变速器 4T65E 的代号含义。

模块 3　传动系统的认识与使用

作业单 3-1　认识传动系统主要部件的结构

姓名：_____　　班级：_____　　日期：_____

在作业图 3-1 和作业图 3-2 的方格中填入相应名称。

作业图　3-1

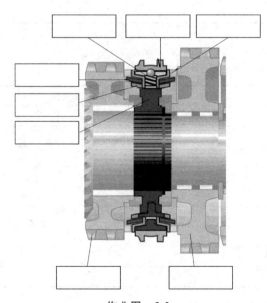

作业图　3-2

作业单 3-2　查看车辆变速器的类型及挡位识别

姓名：_____　　班级：_____　　日期：_____

根据实训车辆查找相关信息，并填写作业表 3-1 和作业表 3-2。

（1）车辆 1

作业表 3-1

车辆品牌		变速器类型	
挡位标识		挡位作用	

（2）车辆 2

作业表 3-2

车辆品牌		变速器类型	
挡位标识		挡位作用	

模块 4

转向系统的认识与使用

◎ 学习目标

1. 知识目标
(1) 能对转向系统进行分类;
(2) 能说出转向系统部件的名称;
(3) 能说出动力转向系统的主要部件名称及安装位置;
(4) 能说出动力转向系统的主要部件的作用。

2. 能力目标
(1) 能在实车上找到转向系统及其部件安装位置;
(2) 能理解转向系统的使用注意事项;
(3) 能正确使用转向系统。

◎ 案例导入

有一辆上海大众帕萨特领驭汽车,该车总行驶里程数近 20 万公里,某天车主在行驶过程中发现该车出现转向沉重现象,同时伴随异响。经沟通及检查,发现该车辆的转向系统长年未进行保养,其转向助力液及转向系统部件存在磨损和松动现象。

◎ 服务方案

(1) 听取客户报修的故障现象,请客户填写保修单;
(2) 服务顾问填写客户有关数据,检查收取行驶证、保修单;
(3) 验证客户叙述的故障,与客户沟通维修方案:举升车辆,全面检查后再确定维修方案;
(4) 拆检后根据转向系统内部损害情况和维修成本,确定维修方案,如有修理价值,对转向系统部件进行紧固或维修,没有修理价值,则更换相应总成;
(5) 任何一种维修方案都必须了解汽车构造与工作原理。

拓 扑 图

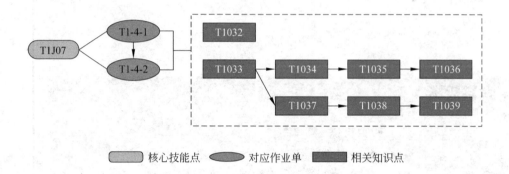

核心技能点

T1J07　选用与检查转向液

对应作业单

T1-4-1　认识转向系统主要部件的结构
T1-4-2　查看车辆转向系统的类型及部件的安装位置

相关知识点

T1032　转向系统的功用　　　　　　T1033　转向系统的类型及结构
T1034　转向系统的工作原理　　　　T1035　转向系统的正确使用
T1036　转向系统的使用注意事项　　T1037　可调方向盘/转向柱
T1038　动力转向器总成　　　　　　T1039　转向角传感器/助力电机

4.1 转向系统的结构与工作原理

学习目标

（1）能对转向系统进行分类；
（2）能说出转向系统部件的名称；
（3）能在实车上找到转向系统及其部件安装位置。

4.1.1 转向系统的功用

汽车在行驶过程中，经常需按驾驶员的意志改变其行驶方向，即汽车转向。就轮式汽车而言，实现汽车转向的方法是：驾驶员通过一套专设的机构，使汽车转向桥（一般是前桥）上的车轮（转向轮）相对于汽车纵轴线偏转一定角度。在汽车直线行驶时，往往转向轮也会受到路面侧向干扰力的作用，自动偏转而改变行驶方向。此时，驾驶员也可以利用这套机构使转向轮相反方向偏转，从而使汽车恢复原来的行驶方向。这一套用来改变或恢复汽车行驶方向的专设机构就称为汽车转向系统。因此，汽车转向系统的作用是保证汽车能按驾驶员的意志而进行转向行驶。

4.1.2 转向系统的类型及结构

汽车转向系统的类型有多种，一般可分为机械转向系统和动力转向系统。其中，动力转向系统又可以分为液压助力转向系统、电子液压助力转向系统和电子机械助力转向系统等。

每一套转向系统均由转向操纵机构、转向器和转向传动机构3大部分组成。转向操纵机构用来产生转动转向器所必需的操纵力，转向器可以将转向盘的圆周运动转换为传动机构的往复运动，而转向传动机构用来将转向器输出的力传递给转向轮。

1. 机械转向系统

机械转向系统由方向盘、安全转向轴、机械转向器、转向减震器、转向横拉杆、转向节臂、转向轮及转向节等组成，如图4-1所示。

机械转向系统一般应用在货车和老款轿车上，这种转向系统所产生的转向力完全由驾驶员的双手所提供。因此，在驾驶装备机械转向系统的汽车时，驾驶员的疲劳强度会有所增加，但由于其全部为机械结构，所以其性能稳定，故障率极低。

2. 液压助力转向系统

在机械转向系统的基础上增加一套液压部件，即为液压助力转向系统。新增的液压部件有转向油泵、转向油罐、转向油管等，如图4-2所示。

装备液压助力转向系统的车辆在转向时，除了驾驶员双手提供转向力，其液压系统也会提供一定转向助力，因此转向更为轻便。

由于该系统的油泵由发动机带动，因此会损耗部分发动机的动力。同时，由于液压管

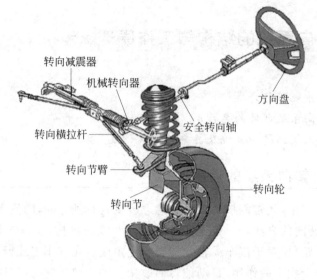

图 4-1 机械转向系统结构

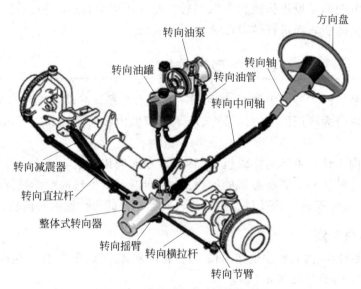

图 4-2 液压助力转向系统结构

路的存在,可能会引起漏油等故障,且转向助力液需定期更换,所以液压助力转向系统的使用及维护成本会有所增加。

3. 电子液压助力转向系统

电子液压助力转向系统相对于液压助力转向系统更为先进,虽然其助力依然属于液压形式,但其最大的优势在于液压泵的驱动变为电动机,无须依靠发动机,因此电子液压助力转向系统工作时基本不会损耗发动机的动力,不但节约能源,还可根据车速的变化为驾驶员提供合适的助力。

电子液压助力转向系统的主要部件有转向角速度传感器、带电动机的齿轮泵、助力转向控制单元、储油罐及转向传动装置等,如图4-3所示。

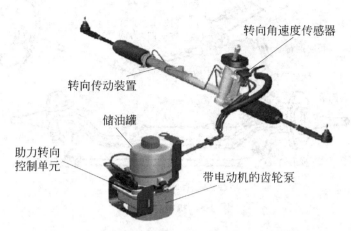

图4-3 老款POLO电子液压助力转向系统结构

4. 电子机械助力转向系统

电子机械助力转向系统是目前最为先进的转向系统之一,其助力直接由电动机提供,无需液压部件,重量更轻,结构更简单。电动机、转向控制单元与转向机做成一体,是一个总成件,只能作为总成件一起更换,如图4-4所示。

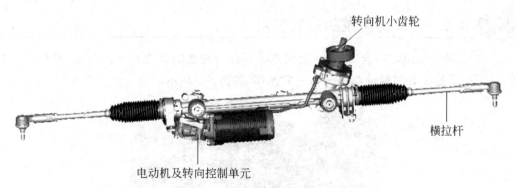

图4-4 新款POLO电子机械助力转向系统结构

 4.1.3 转向系统的工作原理

以结构最为简单的机械转向系统(见图4-5)为例,汽车转向时,驾驶员给方向盘施加一个转向力矩,方向盘将转向力矩通过转向轴、转向万向节和转向传动轴传至转向器,转向器将转向盘的力矩放大以后再传给转向摇臂,经转向直拉杆传给转向节臂,使左转向节与左转向轮偏转。左转向节带动左梯形臂摆动,左梯形臂通过转向横拉杆带动右梯形臂,使右转向节及右转向轮偏转。

汽车认识与使用

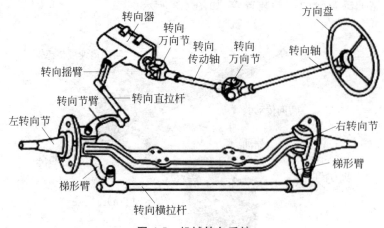

图 4-5 机械转向系统

4.2 转向系统的使用

学习目标

(1) 了解转向系统的正确使用方法；
(2) 掌握转向系统的使用注意事项。

4.2.1 转向系统的正确使用

(1) 驾驶员操纵方向盘时,应注意用双手握住方向盘的 3 点与 9 点位置,胳膊自然弯曲,不可单手操作方向盘或双手一高一低操作,如图 4-6 所示。

图 4-6 正确的方向盘握姿

(2) 在握方向盘时,驾驶员双手的大拇指应避开方向盘轮辐部位,自然地放在方向盘上,以防在颠簸路面时由于转向反力而打手。

(3) 在直线路面行驶时,可自然握住方向盘;在颠簸路面行驶时,应紧握方向盘;汽车行驶过程中,双手不可同时松开方向盘。

4.2.2 转向系统的使用注意事项

（1）应定期检查转向助力液油位及油品，以防转向系统长期处于缺油状态下运行。同时，油品下降也会影响助力效果。

（2）在对汽车进行保养时，注意对助力泵皮带进行检查，注意其松紧度，应保证将手指能按下约 1cm 左右，观察其是否存在裂纹或断裂口，如存在上述现象应及时调节松紧度，必要时可更换。

（3）液压系统的管接头（尤其是高压管路接头）应经常留意是否有漏油现象，液压管路应尽量避免碰触其他零部件，以防止由于磨损而导致管路破损。

（4）转向时（尤其是原地转向），要留有一定的余量，切忌将方向"打死"，以避免液压系统因油压过高而损坏液压部件。

4.3 动力转向系统的认识

学习目标

（1）能说出动力转向系统的主要部件名称；
（2）能找到动力转向系统的主要部件的安装位置；
（3）能描述动力转向系统的主要部件的作用。

以目前在新车型上使用较为广泛的电子机械助力转向系统为例，该系统的主要部件有可调方向盘、转向柱、动力转向器总成、传感器等，现逐一讲解。

4.3.1 可调方向盘

可调方向盘是指该方向盘可以根据驾驶员的身材进行位置调整，以满足多位驾驶员在驾驶时对于正确驾驶位置的需求，一般前后方向和上下方向可调，调整范围约为前后 50mm、上下 44mm，调整方式分为手动调整和电子按键调整。帕萨特领驭方向盘及调节示意图如图 4-7 和图 4-8 所示。

图 4-7 帕萨特领驭方向盘

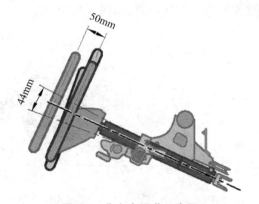

图 4-8 方向盘调节示意图

4.3.2 转向柱

在转向柱上,一般装有方向盘调节手柄、保护装置及转向万向节等。

方向盘调节手柄主要起锁止作用,该手柄松开后,驾驶员即可根据需要对方向盘进行相应位置的调整,完成调节后需重新锁紧。保护装置主要针对发生事故时起到一定的保护作用,而转向万向节主要用于传动,即传递转向力矩,如图4-9所示。

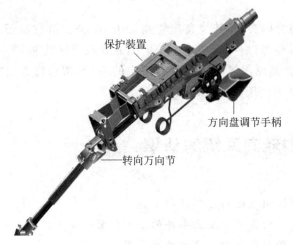

图4-9 转向柱结构

转向柱一般安装在方向盘前方、驾驶员腿部上方,一端连接方向盘,另一端连接转向器。

4.3.3 动力转向器总成

动力转向器总成主要由机械转向器、横拉杆、助力电机和转向控制单元构成。在动力转向系统中,该转向器总成是核心部件,且为总成件,如出故障需整体更换。

动力转向器总成一般安装在前桥副车架上,其一端连接转向柱,另一端则通过横拉杆连接至转向节与转向轮,如图4-10所示。

图4-10 动力转向器总成外观

4.3.4 转向角传感器

转向角传感器是电子机械助力转向系统中最重要的传感器之一，该传感器可以检测出方向盘旋转角度和旋转速度信号，并将信号传至转向控制单元。

转向角传感器的外观如图 4-11 所示，它一般安装于方向盘背面的转向柱上，与转向灯开关及雨刮开关集成在一起，为一个总成件。

图 4-11　转向角传感器外观

4.3.5 助力电机

助力电机是系统中的一个执行元件，其安装位置在转向器总成上，它按照控制单元的指令旋转，并通过一个橡胶离合器驱动一个小齿轮，小齿轮驱动转向齿条起助力作用，如图 4-12 所示。

图 4-12　助力电机安装位置示意图

该助力电机一般为异步电机，具有使用寿命长，噪声低，抗污能力强，无磁性材料等特点，电路短路时不会导致锁死，因此具有很强的安全性，其外观如图 4-13 所示。

图 4-13　助力电机结构

4.4 技能实训：选用与检查转向液

1. 安全要求及注意事项

（1）不准赤脚或穿拖鞋、高跟鞋和裙子上课，留长发者要带工作帽。

（2）上课时要集中精神，不准说笑、打闹。

（3）进入汽车实训场地后，未经老师批准，不得动用实训车上的各项设备。

（4）实训时，未经老师批准，不准进入车厢底部，防止汽车意外起动造成重大事故。

（5）发动机运行时，严禁将手伸入发动机舱内。

（6）实习结束，关闭发动机舱盖前，应注意观察其他同学的情况，防止放下发动机舱盖压到同学的手。

（7）实习结束，整理清洁工具和场地。

2. 对设备、工具、耗材的要求

（1）设备：举升机、大众或其他品牌整车若干台、手电筒3个（根据学生数配备）。

（2）耗材：大众专用转向助力液（或与其他实训车辆匹配的转向助力油）3瓶、抹布若干。

3. 转向助力液的选用

助力转向液属于特殊液体，通过液压系统的作用，可以为转向系统提供助力，使转向轻便，与自动变速器油（ATF）及制动液类似。

汽车的动力转向系统一般应选用原厂规定标号及品牌的转向助力液，否则易引起液压助力系统效能降低，严重时会损坏液压部件。上海大众原厂转向助力液如图4-14所示。

另外，转向器不能在无油的状态下长期使用，否则易引起转向器故障。

4. 转向助力液的检查

应定期检查汽车上转向助力液液面高度和油品。同时，储液罐也应定期清洗，以防油液脏污或变质，一般建议每两年或30000km更换助力液，转向助力液储液罐的位置一般位于发动机舱内。帕萨特领驭转向助力液储液罐的位置如图4-15所示。

图4-14 上海大众原厂转向助力液

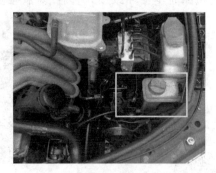
图4-15 帕萨特领驭转向助力液储液罐的位置

(1) 转向助力液储液罐的标识

转向助力液储液罐的盖子上一般均标有方向盘图案,如图 4-16 和图 4-17 所示。

图 4-16 储液罐标识(一)

图 4-17 储液罐标识(二)

(2) 转向助力液的检查

在检查转向助力液时,一般以储液罐上的刻度为准。

具体检查步骤如下:

① 将前轮摆正,发动机处于正常的工作温度,油液温度处于 50℃ 左右。

② 观察储液罐上的刻度线,正常情况下应处于 MAX 和 MIN 之间,如图 4-18 所示。

③ 最后需注意的是,发动机冷态时不能低于 MIN 刻度线。

另外,部分汽车转向助力液储液罐的盖子附带有刻度尺,如图 4-19 所示,其检查与上述方法类似。

图 4-18 转向助力液储液罐及罐身刻度

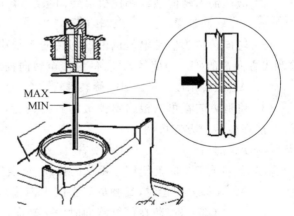

图 4-19 刻度尺检查示意图

练习与思考

1. 判断题(正确的打√,错误的打×)

(1) 转向系统可以用来改变汽车的行驶方向,并使汽车按照驾驶员的意图沿着规定

的方向行驶。( )

(2) 机械转向系统由方向盘、转向轴、机械转向器、转向横拉杆及转向节等组成。
( )

(3) 电子机械助力转向系统是目前最先进的转向系统之一,其助力直接由电动机提供,无需液压部件,重量更轻,但其结构更复杂。( )

(4) 驾驶员操纵方向盘时,应注意用双手握住方向盘的 10 点与 4 点位置,胳膊自然弯曲。( )

(5) 可调方向盘是指该方向盘可以根据驾驶员的身材进行位置调整,以满足多位驾驶员在驾驶时对于正确驾驶位置的需求,一般前后方向和上下方向可调。( )

(6) 转向柱一般安装在方向盘前方、驾驶员腿部上方,一端连接方向盘,另一端连接转向轮。( )

(7) 动力转向器总成一般安装在前桥副车架上,其一端连接方向盘,另一端则通过横拉杆连接至转向节与转向轮。( )

(8) 应定期检查转向助力液油位及油品,以防转向系统长期处于缺油状态下运行。同时,油品下降也会影响助力效果。( )

2. 选择题

(1) 汽车转向系统的类型繁多,一般有( )。
A. 机械转向系统　　　　　　　B. 液压助力转向系统
C. 电子液压助力转向系统　　　D. 电子机械助力转向系统

(2) 液压助力转向系统相比机械转向系统,新增的液压部件有( )。
A. 转向油泵　　B. 转向油罐　　C. 转向油管　　D. 转向角传感器

(3) 转向角传感器是电子机械助力转向系统中最重要的传感器之一,该传感器可以检测出方向盘的( )信号,并将信号传至转向控制单元。
A. 旋转角度　　B. 旋转速度　　C. 旋转扭矩　　D. 旋转持续时间

(4) 可调方向盘可以根据驾驶员的身材进行位置调整,以满足多位驾驶员的位置需求,一般在( )方向可调。
A. 前后　　　　B. 左右　　　　C. 上下　　　　D. A、B、C 都对

(5) 下列关于方向盘使用与操作的描述,错误的是( )。
A. 在握方向盘时,驾驶员双手的大拇指应避开方向盘轮辐部位,自然地放在方向盘上,以防在颠簸路面时由于转向反力而打手
B. 在直线路面行驶时,可自然握住方向盘;在颠簸路面行驶时,应紧握方向盘;汽车行驶过程中,双手不可同时松开方向盘
C. 转向时(尤其是原地转向),要留有一定的余量,切忌将方向"打死",以避免液压系统因油压过高而损坏液压部件
D. 在急打方向时,应该用双手轮换交替进行,但对于身材较小的驾驶员来说,可以用单手"揉搓"方向盘,以满足快速转向的需求

模块 4　转向系统的认识与使用

3. 简答题

（1）汽车上的转向系统有哪些类型？各自有哪些特点？
（2）转向系统由哪几部分组成？各自的作用是什么？
（3）请叙述转向助力液的检查步骤。

4. 知识拓展题

（1）电子机械助力转向系统的助力大小是否会根据车速而变化？为什么？
（2）描述线控转向系统的工作原理。

作业单 4-1　认识转向系统主要部件的结构

姓名：_____　班级：_____　日期：_____

在作业表 4-1 中填入相应名称，并简单填写其作用。

作业表　4-1

	部　件	名　称	作　用
1			
2	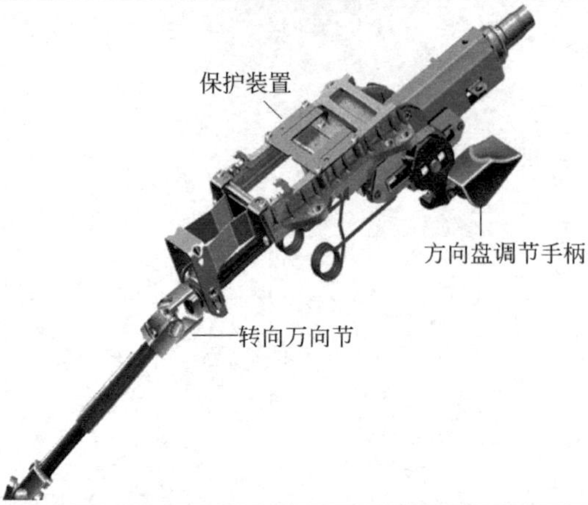		
3	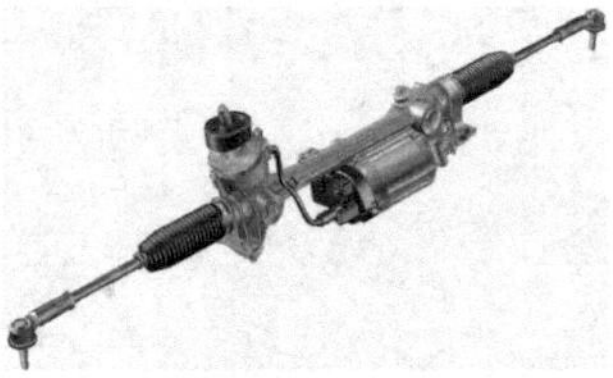		
4			
5			

续表

	部　件	名　称	作　用
6			
7			

作业单 4-2　查看车辆转向系统的类型及部件的安装位置

姓名：_____　　班级：_____　　日期：_____

根据实训车辆查找相关信息，并填写作业表 4-2 和作业表 4-3。

（1）车辆 1

作业表 4-2

车辆品牌		转向系统类型	
主要部件		安装位置及作用	

（2）车辆 2

作业表 4-3

车辆品牌		转向系统类型	
主要部件		安装位置及作用	

模块 5

制动系统的认识与使用

◎ 学习目标

1. 知识目标
（1）能描述制动系统的作用及类型；
（2）能说出制动系统主要部件的名称及安装位置；
（3）能描述制动系统的工作原理；
（4）能描述制动系统的正确使用注意事项；
（5）能描述 ABS 系统主要部件的名称和作用；
（6）能说出 ABS 系统主要部件的安装位置。

2. 能力目标

（1）能正确使用制动系统的主要部件；
（2）能正确选用及检查制动液。

◎ 案例导入

有一辆上海大众帕萨特领驭汽车，该车总行驶里程数近 18 万公里，某天车主在行驶过程中发现该车出现制动跑偏现象，同时伴随车身轻微抖动症状。经与客户沟通与检查，发现该车辆的刹车片磨损严重，摩擦材料所剩无几，而且刹车盘上的磨损痕迹严重。

◎ 服务方案

（1）听取客户报修的故障现象，请客户填写保修单；
（2）服务顾问填写客户有关数据，检查收取行驶证、保修单；
（3）验证客户叙述的故障，与客户沟通维修方案：举升车辆，全面检查后再确定维修方案；
（4）拆检后根据制动系统磨损情况和维修成本，确定维修方案。如有修理价值，对制动系统部件进行维修；没有修理价值，则更换相应总成；
（5）任何一种维修方案都必须了解汽车构造与工作原理。

拓 扑 图

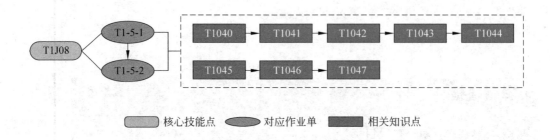

核心技能点

T1J08　选用与检查制动液

对应作业单

T1-5-1　认识制动系统主要部件的结构

T1-5-2　检查汽车制动液

相关知识点

T1040　制动系统的作用　　　　　　　T1041　制动系统的类型及结构

T1042　制动系统的工作原理　　　　　T1043　制动系统主要部件的正确使用方法

T1044　制动系统的正确使用注意事项　T1045　轮速传感器

T1046　ABS 组件　　　　　　　　　　T1047　ABS 警告灯

模块 5　制动系统的认识与使用

5.1　制动系统的结构与工作原理

学习目标

（1）能描述制动系统的作用及类型；

（2）认识制动系统主要部件的名称及其安装位置；

（3）能描述制动系统的工作原理。

5.1.1　制动系统的作用

制动系统是影响汽车行车安全的重要系统之一。

制动系统的作用是：使汽车按照驾驶员的意愿进行减速及停车；使停驶的汽车在各种道路条件下安全驻车；保证汽车在减速的过程中具有良好的稳定性，如图 5-1 所示。

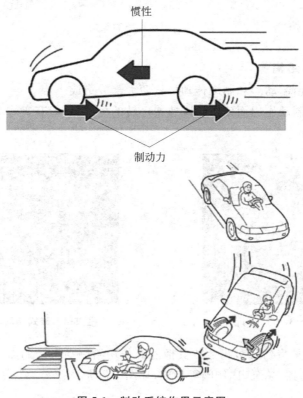

图 5-1　制动系统作用示意图

5.1.2　制动系统的类型及结构

1. 制动系统的类型

按作用可将制动系统分为行车制动系统和驻车制动系统。行车制动系统是指能够使行驶中的汽车降低速度及停车的制动系统。驻车制动系统是指能够使已停驶的汽车稳定而可靠地停靠在原地不动的制动系统。如图5-2所示。

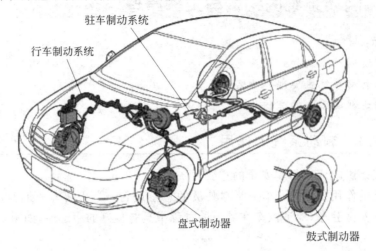

图5-2　制动系统的类型

2. 制动系统的结构

汽车制动系统由制动器和制动传动机构两大部分组成。

制动器是产生制动作用而使车轮减速或停转的机件,一般有盘式和鼓式两种,分别如图5-3和图5-4所示。

图5-3　盘式制动器

图5-4　鼓式制动器

制动传动机构是将驾驶员指令或其他能源作用给制动系统的力传给制动器,主要由制动踏板、制动助力器、总泵、比例阀等构成,如图5-5所示。

3. 制动系统主要部件认识

(1) 制动器部件认识

以结构较为简单且应用较为常见的盘式制动器为例,一套完整的制动器由制动盘、制动片、制动卡钳及支架等组成,如图5-6所示。

① 制动盘的圆周面为工作面,其中心部位有螺栓孔,与车轮同步旋转,如图5-7所示。

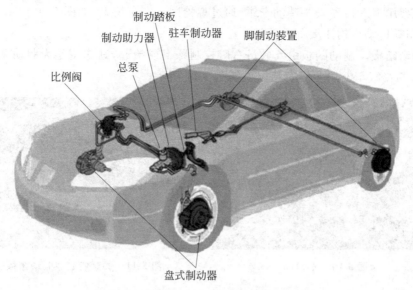

图 5-5 制动传动机构

图 5-6 盘式制动器外观

图 5-7 制动盘

② 制动片的表面有摩擦材料,与制动盘相互摩擦,形成摩擦力,从而产生制动力,如图 5-8 所示。

③ 制动卡钳内部装有分泵活塞,用来推动制动片压向制动盘,为它们两者之间的摩擦提供正压力,如图 5-9 所示。

图 5-8 刹车片

图 5-9 制动卡钳

④ 支架用来支撑和安装制动卡钳,通过螺栓固定在车桥上,如图 5-10 所示。

(2) 制动传动机构主要部件认识

① 制动踏板。制动踏板由驾驶员右脚控制踩下或抬起,其作用是为制动系统提供初始制动力,其在汽车上的实际安装位置如图 5-11 所示。

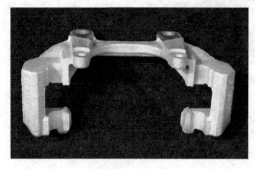

图 5-10 支架

图 5-11 帕萨特领驭制动踏板(中)

② 真空助力器及制动总泵。制动总泵用来产生制动力,真空助力器可以借助真空将制动力放大,一般位于汽车的发动机舱内,其外形如图 5-12 所示,其安装位置如图 5-13 所示。

图 5-12 真空助力器及制动总泵的外观

图 5-13 真空助力器及制动总泵的安装位置(方框内)

(3) ABS 组件

ABS 组件一般位于发动机舱内,如图 5-14 所示。其作用是在必要时(如紧急制动)调节制动力,并将调节好的制动力传递给制动器分泵。

图 5-14 ABS 组件安装位置

5.1.3 制动系统的工作原理

以鼓式液压制动系统为例,制动时,驾驶员踩下制动踏板,在支点的作用下,推杆向右推动制动总泵内的活塞,使总泵油缸中的制动液被压缩,从而使油压升高。

被压缩的制动液经过管路进入分泵内,推动分泵活塞克服制动蹄回位弹簧拉力向外移动,将前、后两块制动蹄推开与制动鼓内壁接触,而后压紧。前、后蹄对制动鼓的摩擦阻力对旋转的制动鼓作用一个摩擦阻力矩 M_μ,其方向与车轮转动方向相反,大小取决于分泵的张开力、制动鼓和制动蹄之间的摩擦系数,以及制动鼓和制动蹄的尺寸等因素。

制动鼓将此力矩传给车轮后,由于地面与车轮间附着力的作用,车轮给地面有一个向前的作用力 F_a。地面也相应作用给车轮一个大小相等、方向相反的反力,即车轮的制动力 F_b。各车轮制动力之和就是汽车受到的总制动力。在制动力作用下,汽车减速,直至停车,如图 5-15 所示。

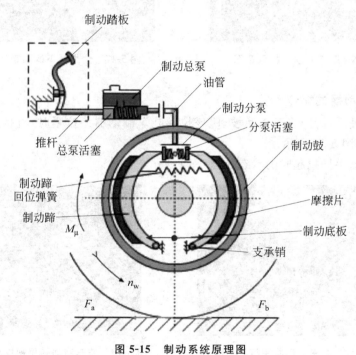

图 5-15 制动系统原理图

5.2 制动系统的使用

学习目标

(1)能正确使用制动系统的主要部件;
(2)能描述制动系统的使用注意事项。

5.2.1 制动系统主要部件的正确使用方法

1. 制动踏板的使用

在踩制动踏板时,应将右脚脚掌放置在制动踏板上方,脚后跟支撑在地板上作为支点,如图 5-16 所示。

然后再根据路况决定踩下踏板的力度。在紧急使用制动踏板时,应该用尽全力快速踩下踏板,如图 5-17 所示。

图 5-16 踩下制动踏板示意图

图 5-17 全力踩下制动踏板示意图

2. 驻车制动器的操作

当汽车停驶后,为防止车辆溜坡,应该拉起驻车制动器。拉紧时,直接用右手握住手柄向上拉起,如图 5-18 所示。

驻车制动器手柄拉起时的状态如图 5-19 所示。

图 5-18 拉起驻车制动器手柄示意图

图 5-19 驻车制动器手柄拉起状态示意图

释放时,先用右手大拇指按下手柄顶部的锁止按钮,再向下松开手柄,如图 5-20 所示。

驻车制动器手柄释放时的状态如图 5-21 所示。

5.2.2 制动系统的正确使用注意事项

在使用汽车制动系统时,一般需注意以下几点重要事项。

(1) 在行车的过程中,应经常留意仪表板上的 ABS 警告灯(见图 5-22),该灯只有在发动机起动时会点亮,若起动时不亮或行车过程中亮起,则说明 ABS 制动系统可能有故障,此时应尽快前往维修店进行修理,以免影响行车安全。

图 5-20　释放驻车制动器手柄示意图

图 5-21　驻车制动器手柄释放状态示意图

（2）在制动时,若产生异响,则需及时检查制动片和制动盘,检查其是否过度磨损或脏污。

（3）由于制动盘的主要成分是铁元素,因此某些汽车的制动盘在雨雪天气或潮湿天气会形成锈迹,在起步或制动时会有异响,一般进行二次制动时异响会消失,这种情况属正常,如图 5-23 所示。

图 5-22　帕萨特领驭 ABS 警告灯

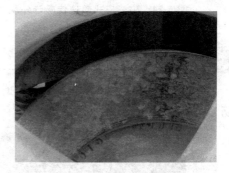

图 5-23　制动盘上的锈渍

（4）驻车制动系统中的手刹手柄在使用一段时间后会变高,由于驻车制动系统一般由钢丝拉索进行传动,而拉索由多组金属丝构成,长期受力后产生一定量的延展,长度变长,本质上不会影响驻车制动系统工作,但出于安全考虑,应及时前往维修店进行调整。

（5）关于制动盘在使用后会发热,属正常现象。因为制动力是依靠制动片及制动盘之间的摩擦而产生的,制动的过程即为动能转换为热能的过程,所以会产生热量。因此,需要注意在汽车停驶后禁止用手直接触摸制动盘,以免被烫伤。

5.3　ABS 系统的认识

学习目标

（1）能描述 ABS 系统主要部件的名称和作用;
（2）能指出 ABS 系统主要部件的安装位置。

一般来说，汽车的 ABS 系统主要由轮速传感器、ABS 组件（电控单元、液控单元、液压泵）及 ABS 警告灯等组成，现逐一讲解。

5.3.1 轮速传感器

轮速传感器的作用是检测车轮的转速，并将轮速信号传递给 ABS 电控单元。以磁感应式轮速传感器为例，其一般由传感器及信号齿圈组成，如图 5-24 所示。

一般每个车轮均配有一个轮速传感器，其在汽车上的安装位置如图 5-25 和图 5-26 所示。

图 5-24　磁感应式轮速传感器外观

图 5-25　前轮轮速传感器安装位置

5.3.2 ABS 组件

ABS 组件一般由 ABS 电控单元（ECU）、液控单元（调压器）和液压泵构成，如图 5-27 所示。

图 5-26　后轮轮速传感器安装位置

图 5-27　ABS 组件外观

ABS 组件一般安装在发动机舱内，安装位置如图 5-28 所示。

5.3.3 ABS 警告灯

ABS 系统的警告灯一般安装在驾驶员正前方的仪表板上（见图 5-29），点亮时的颜色一般为黄色。ABS 警告灯的作用为提醒驾驶员 ABS 系统存在故障，建议及时修理。

图 5-28 ABS 组件安装位置

图 5-29 ABS 警告灯安装位置

5.4 技能实训：选用与检查制动液

1. 安全要求及注意事项

（1）不准赤脚或穿拖鞋、高跟鞋和裙子上课，留长发者要带工作帽。

（2）上课时要集中精神，不准说笑、打闹。

（3）进入汽车实训场地后，未经老师批准，不得随意起动发动机。

（4）实训时，未经老师批准，不准进入车厢底部，防止汽车意外起动造成重大事故。

（5）发动机运行时，严禁将手伸入发动机舱内。

（6）实习结束，关闭发动机舱盖前，应注意观察其他同学的情况，防止放下发动机舱盖压到同学的手。

（7）实习结束，整理清洁工具和场地。

2. 对设备、工具、耗材的要求

（1）设备：举升机、大众或其他品牌整车若干台、手电筒 3 个（根据学生数配备）。

（2）耗材：大众专用制动液（或与其他实训车辆相匹配的制动液）3 瓶、抹布若干。

3. 制动液的选用

（1）制动液常见类型

制动液不同于汽车上的其他液体，其具有较强的耐高压以及耐高温等能力。它用来传递制动力，最终使汽车减速或停车。

汽车的制动液一般可以分成醇型、矿油型及合成型 3 类，而较为常用的为合成型制动液，具体有 DOT3、DOT4、DOT5 等型号，级别越高性能越好，如图 5-30 所示。

（2）制动液的选用方法

对于汽车应该选用何种型号的制动液可查看汽车使用手册，另一种较为简便的选用方法是查看制动液加注口或储液罐盖上的标记，如图 5-31 所示。

图 5-30　DOT3 及 DOT4 制动液

图 5-31　制动液储液罐盖上的标记

4. 制动液的检查

（1）制动液的检查方法

若制动液偏少，会影响制动效果，严重时会导致制动失灵，因此一旦发现液位偏低应及时添加。观察储液罐内制动液的液位高度是否处于 MAX 和 MIN 之间，并以此来判断是否需要添加制动液，如图 5-32 所示。

（2）制动液更换的原则

① 当达到规定的行驶公里数或使用时间时必须更换制动液。以上海大众为例，其规定为汽车行驶两年或 50000km 为更换周期。

② 当发现油液出现明显的浑浊现象（见图 5-33）或乳化现象，则说明制动管路可能进了空气或制动液已腐蚀，此时需及时检查或更换。

图 5-32　制动液储液罐上的 MAX 和 MIN 刻度

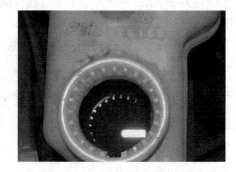

图 5-33　浑浊的制动液

③ 当行车过程中经常出现制动无力时，除检查制动系统的机械部分外，还需要检查制动液，必要时需更换制动液。

练习与思考

1. 判断题（正确的打√，错误的打×）

（1）驻车制动系统是指能够使行驶中的汽车降低速度及停车的制动系统。行车制动

系统是指能够使已停驶的汽车稳定而可靠地停靠在原地不动的制动系统。（　　）

（2）汽车制动系统由制动器和制动传动机构两大部分组成，制动器可以分为盘式制动器和鼓式制动器。（　　）

（3）ABS系统的警告灯一般安装在驾驶员正前方的仪表板上，点亮时的颜色一般为黄色。ABS警告灯的作用为提醒驾驶员ABS系统存在故障，建议及时修理。（　　）

（4）制动器是产生制动作用而使车轮减速或停转的机件，一般有盘式和鼓式两种。
（　　）

（5）制动盘的圆周面为工作面，其中心部位有螺栓孔，与车轮同步旋转。（　　）

（6）制动卡钳内部装有分泵活塞，用来推动制动片压向制动盘，为它们两者之间的摩擦提供正压力。（　　）

（7）轮速传感器的作用是检测车速，并将车速信号传递给ABS电控单元。（　　）

（8）制动总泵用来产生制动力，真空助力器可以借助真空将制动力放大，一般装在汽车的发动机舱内。（　　）

2. 选择题

（1）汽车制动系统的作用有（　　）。
　　A. 使汽车按照驾驶员的意愿进行减速及停车
　　B. 使已停驶的汽车在各种道路条件下安全驻车
　　C. 提高行车安全性
　　D. 保证汽车在减速的过程中具有良好的稳定性

（2）ABS组件一般包括（　　）。
　　A. ABS电控单元　　　　　　　B. ABS液控单元
　　C. 液压泵　　　　　　　　　　D. 轮速传感器

（3）制动传动机构是将驾驶员的指令或其他能源作用在制动系统的力传给制动器，主要由（　　）构成。
　　A. 制动助力器　　B. 总泵　　C. 比例阀　　D. 制动踏板

（4）下列描述正确的有（　　）。
　　A. 在行车的过程中，应经常留意仪表板上的ABS警告灯
　　B. 在制动时，若产生异响，则需及时检查刹车片和制动盘
　　C. 手刹手柄在使用一段时间后会变高，应及时调整
　　D. 制动时若跑偏，应及时更换制动液

（5）下列关于制动液的描述错误的有（　　）。
　　A. 应选择正确的制动液型号，不能混用
　　B. 汽车每行驶两年或30000km应更换制动液
　　C. 在紧急情况下，可以用酒精代替制动液在汽车的制动系统中使用
　　D. 只要未出现浑浊和乳化，制动液可一直使用下去，但需定期检查

3. 简答题

（1）汽车上的制动系统由哪些部件构成？各自有哪些作用？

（2）ABS系统由哪几部分组成？各自的作用是什么？

（3）请叙述制动液的选用与检查方法。

4. 知识拓展题

（1）制动系统中一旦进入空气如何处理？

（2）ABS系统工作时，制动踏板是不是一定要踩下？为什么？

作业单 5-1 认识制动系统主要部件的结构

姓名：_____ 班级：_____ 日期：_____

在作业表 5-1 的方格中填入相应名称，并简单填写其安装位置和作用。

作业表 5-1

	部 件	名 称	安装位置	作 用
1				
2	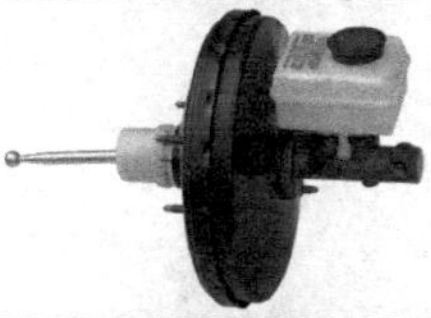			
3				
4				
5	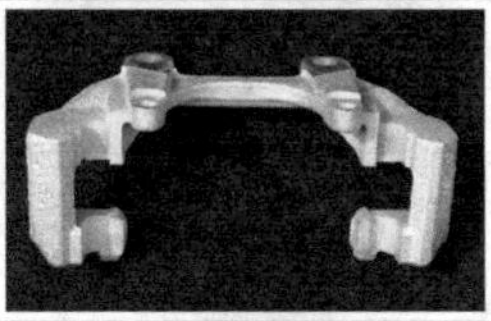			
6				
7				

作业单 5-2　检查汽车制动液

姓名：_____　　班级：_____　　日期：_____

根据实训车辆查找相关信息，并填写作业表 5-2 和作业表 5-3。

（1）车辆 1

作业表 5-2

车辆品牌		制动系统类型	
车辆行驶里程数			
原车制动液型号			
制动液液位检查结果			
制动液品质检查结果			
检查结论			

（2）车辆 2

作业表 5-3

车辆品牌		制动系统类型	
车辆行驶里程数			
原车制动液型号			
制动液液位检查结果			
制动液品质检查结果			
检查结论			

模块 6

轮胎的认识与使用

◎ 学习目标

1. 知识目标
（1）能描述轮胎的作用；
（2）能说出轮胎类型及各组成部件的名称；
（3）能分辨轮胎标识符号的含义；
（4）能描述车轮的作用；
（5）能说出车轮类型及各组成部件的名称；
（6）能描述轮胎和车轮的检查内容及方法。

2. 能力目标
（1）能正确检查轮胎的状态；
（2）能更换轮胎及进行换位。

◎ 案例导入

　　服务顾问接待了一位客户。客户反映，自己的一辆上海大众帕萨特领驭轿车的轮胎漏气，补气后行驶时有震颤现象，高速时发出有节奏的异响，需要进行检查。经询问车主驾驶情况、试车、检查，确诊为轮胎漏气，且动平衡失效，需要检修调整。

◎ 服务方案

　　（1）听取客户报修的故障现象，请客户填写保修单；
　　（2）服务顾问填写客户有关数据，检查收取行驶证、保修单；
　　（3）验证客户叙述的故障，与客户沟通维修方案；对轮胎检查后再确定维修方案；
　　（4）根据轮胎的磨损情况和维修成本，确定维修方案。如有修理价值，对轮胎进行维修；没有修理价值，则更换轮胎；
　　（5）任何一种维修方案都必须了解轮胎与车轮的结构与性能。

拓 扑 图

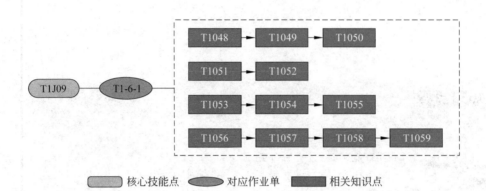

核心技能点

T1J09　检查与更换轮胎与车轮

对应作业单

T1-6-1　认识与检查轮胎与车轮

相关知识点

T1048　轮胎的作用　　　　　　　　T1049　轮胎的组成
T1050　轮胎的成分　　　　　　　　T1051　子午线轮胎
T1052　斜交轮胎　　　　　　　　　T1053　轮胎的尺寸和标识
T1054　胎面花纹的结构、作用和磨损　T1055　轮胎的类型
T1056　车轮的作用　　　　　　　　T1057　车轮各组成部分的名称及作用
T1058　车轮的标识　　　　　　　　T1059　轮胎的使用与检查

6.1 轮胎的结构与类型

学习目标

(1) 能描述轮胎的作用；
(2) 能描述轮胎各组成部分的名称及作用；
(3) 理解轮胎型号标识的含义；
(4) 能正确选用轮胎。

 ### 6.1.1 轮胎的作用

在车辆中，轮胎是底盘的一个高质量结构部件。它必须具有行驶稳定性、转向精确性、驾驶舒适性、湿滑路面的制动性能、防打滑性能、滚动阻力、耐磨损性和轻重量，如图 6-1 所示。轮胎必须能够纵向和横向传递强大的力（制动、加速、转向），以获得理想和安全的行驶稳定性。首先，即使在重负荷或轮胎压力很低的条件下，轮胎也必须稳固的安装在轮辋上。其次，轮胎必须具备较高的强度、刚度、弹性和耐磨性。最后，即使在恶劣的天气状况下，轮胎也必须在地面上有可靠的附着力。

图 6-1 轮胎的使用要求

 ### 6.1.2 轮胎的结构

1. 轮胎的组成

轮胎的基本部件包括胎面、缓冲层、钢丝带束、帘布层、内层、胎侧和胎圈，如图 6-2 所示。

(1) 胎面。胎面用于提高轮胎与地面的附着力，胎面花纹可以排挤路面上的积水，如图 6-3 所示。

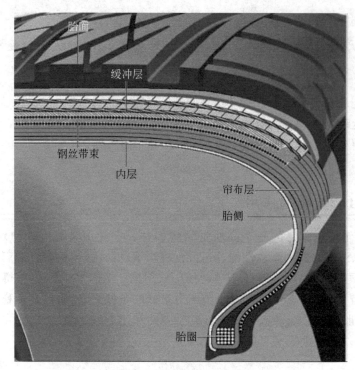

图 6-2 轮胎的结构

图 6-3 胎面

（2）缓冲层。缓冲层能缓冲不同路面对汽车造成的冲击，如图 6-4 所示。

图 6-4 缓冲层

(3)钢丝带束。钢丝带束用来保证行驶稳定性并减少滚动阻力,如图6-5所示。

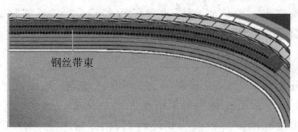

图6-5 钢丝带束

(4)帘布层。胎体帘布层用于定型和抵御内部压力,如图6-6所示。

(5)内层。内层对胎内空气进行密封,如图6-7所示。

图6-6 帘布层

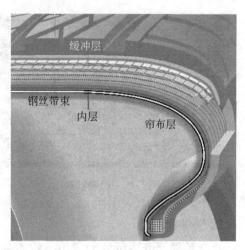

图6-7 内层

(6)胎侧。胎侧保护胎体帘布层免受损坏,如图6-8所示。

(7)胎圈。胎圈将轮胎定位在轮辋中心,并封闭内部空间,如图6-9所示。

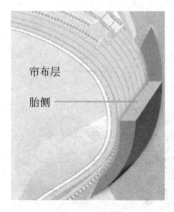

图6-8 胎侧

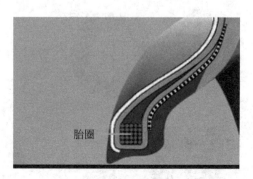

图6-9 胎圈

胎圈由胎圈芯和胎圈芯包层组成,两者被胎体帘布层整体包围。高强度的胎圈芯钢丝确保轮胎固定在轮辋上。胎圈芯包层改善了行驶稳定性、转向精确度和驾驶舒适性。胎踵使胎圈芯和胎圈芯包层更加稳定,如图6-10所示。

2. 轮胎的成分

轮胎的主要成分为橡胶和填充材料,另外还有增塑剂、各种抗老化剂和硫化剂。其中,橡胶含量大约为40%。填充材料包括碳黑和二氧化硅。

钢丝带束层的带束和胎圈芯钢丝为钢质材料,胎体帘布层、钢丝带束保护层和胎踵由合成材料制成,如图6-11所示。

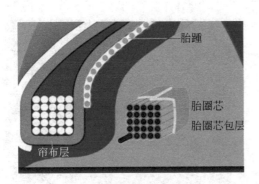

图6-10 胎圈结构

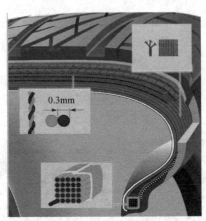

图6-11 轮胎成分

3. 子午线轮胎

现在的轿车和大部分的商用车轮胎都属于子午线轮胎。这个名称来自胎体结构,其帘线与行驶方向基本垂直。从侧面看呈辐射状,好像地球的子午线,所以称之为子午线轮胎,如图6-12所示。

增加的钢丝带束及其保护层,使轮胎在侧向力较高的情况下也具有很好的稳定性,如图6-13所示。

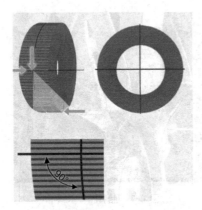

图6-12 子午线轮胎

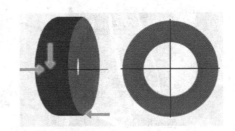

图6-13 子午线轮胎钢丝带束及其保护层

模块6 轮胎的认识与使用

4. 斜交轮胎

斜交轮胎有一个胎体,其结构由多个相交的帘布层组成。帘线与轮胎的行驶方向呈一定夹角。与子午线轮胎不同,斜交轮胎允许滚动面设计成圆形。通常斜交轮胎没有钢丝带束。因此不太适用于轿车领域,它们通常应用于摩托车和农用车上,如图6-14所示。

图6-14 斜交轮胎及其应用

6.1.3 轮胎的尺寸和标识

1. 轮胎尺寸说明

标准轮胎的尺寸标注在胎侧上。这些数据表示轮胎的断面宽度、高宽比和内径。

（1）轮胎断面宽度。轮胎断面宽度的单位是mm。例如255mm,如图6-15所示。

图6-15 轮胎断面宽度

（2）轮胎高宽比。轮胎高宽比为百分数,为轮胎断面高度与断面宽度之比,如图6-16所示。图6-15中的断面高度为断面宽度(225mm)的50%。

轮胎高宽比随着机动车和轮胎的发展变得越来越小。具有较小高宽比的轮胎要么具有较低的侧壁,要么胎面较宽。

较低的侧壁,使轮胎侧壁在转弯时变形比较小,从而实现了精确的转向行驶。较宽的滚动面主要有利于弯道行驶的稳定性。但这两种情况都降低了车辆的舒适性。

（3）轮胎内径。图6-17中的17代表轮胎的内径,单位为英寸,是轮胎内胎圈的两个相对位置之间的距离。轮胎内径也被称为轮辋名义直径,因为它必须与轮辋的直径完全一致。

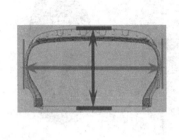

图 6-16　轮胎高宽比　　　　　　　　　　图 6-17　轮胎内径

2. 轮胎的标识

外侧胎壁上的尺寸标注包括轮胎的所有必要数据,如生产商或商标、产品名称及轮胎宽度、高宽比和轮辋直径。如图 6-18 所示,R 表示轮胎胎体为子午线结构;91 为负荷指数,说明载重能力;V 为速度等级,表示最高的速度等级。没有内胎的轮胎用 tubeless 进行标注。

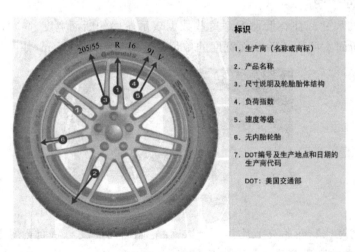

图 6-18　轮胎的标识

一些出口美国的轮胎企业还必须通过美国交通部的 DOT 认证,轮胎上有相应的 DOT 编号。轮胎上还应有生产厂家代码,它主要包括轮胎生产的地点和日期信息。

(1) 负荷指数和速度等级。除了外部尺寸,还有两个特性决定了轮胎是否适用于车辆。一个是载重能力,另一个是最高速度。载重能力用负荷指数表示,可以从相应表格中查看每个轮胎的最大载重量。完整的负荷指数从 GB/T 2978—1997 标准中可以查阅。

用不同的字母表示轮胎允许的最高速度即速度等级。从图 6-19 中可以查看不同速度等级的轮胎允许的最高速度。在更换轮胎时必须与汽车允许的最高速度一致。

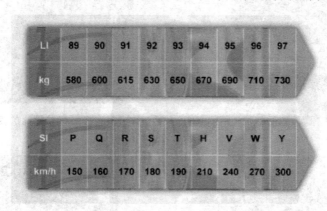

图 6-19　负荷指数和速度等级参数表

（2）胎纹磨损极限标识。在轮胎侧壁上使用缩写 TWI 或箭头标注胎纹磨损极限，如图 6-20 所示。

有的胎纹磨损极限标识在纵向胎纹内，是一个横条形状，如图 6-21 所示。

 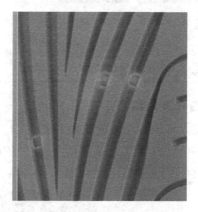

图 6-20　胎纹磨损极限标识　　　　图 6-21　纵向胎纹内胎纹磨损极限标识

（3）其他特性和标识。雪泥轮胎使用缩写 M＋S（表示淤泥和雪）进行标注，如图 6-22 所示。在美国和加拿大，还会在侧壁处标记雪花符号。

具有应急行驶性能的轮胎，会带有 Run On Flat 字样或用不同的缩写进行标注，如图 6-23 所示。

滚动阻力极低的轮胎会增加 GREEN X 或 REDUCES CO2 等标记，如图 6-24 所示，因为它们会降低燃油消耗从而减少二氧化碳排放量。

转动方向有限制的轮胎标有指示转动方向的箭头图标，如图 6-25 所示。

图 6-22 雪泥轮胎标识

图 6-23 具有应急行驶性能的轮胎标识

图 6-24 滚动阻力极低的轮胎标识

图 6-25 转动方向有限制的轮胎标识

6.1.4 胎面花纹

1. 胎面花纹结构

胎面花纹可通过花纹的纵向和横向沟槽进行区分。纵向沟槽提高驾驶稳定性,横向沟槽嵌入路面,保证轮胎和路面之间良好的附着性能,增加驱动力和制动力的传递,有些胎面上还设计了较细的花纹,主要在冬季轮胎上使用,如图 6-26 所示。

图 6-26 胎面花纹结构

2. 胎面花纹作用

胎面花纹确保了驾驶安全性,其主要任务是将路面的积水吸收到胎面沟槽内,然后排到外面,以避免打滑,如图 6-27 所示。此外胎面花纹还通过其定型作用压实了松散的路面,从而提高了轮胎的附着力。避免车轮在积雪和淤泥上打滑。

图 6-27 胎面花纹作用

3. 胎面花纹的行驶方向和不对称性

有些类型的胎面花纹滚动方向是既定的,因此有相应标识。规定了滚动方向的胎面花纹在前进时优化了排水性能。安装时,必须注意这些特点,因为这是花纹设计的优势,否则将丧失这个优势,如图 6-28 所示。

有些类型的胎面花纹是不对称的,外侧沟槽或横向沟槽比内侧少。由此改善了弯道行驶的稳定性。安装时,必须注意内外侧不要装反,否则将丧失花纹设计这个优势,如图 6-29 所示。

图 6-28 胎面花纹的行驶方向标识　　图 6-29 胎面花纹的不对称性标识

4. 轮胎花纹的磨损

花纹磨损降低了安全性能。当磨损极限标识的横条与花纹的剩余高度持平,也就达到了这个磨损极限,如图6-30所示。此时必须更换轮胎。

图6-30 轮胎花纹磨损极限标识

但是轮胎和汽车制造商建议,一般不要等到胎面花纹磨损到最低限度才更换。因为磨损越大,车轮越容易出现打滑,危险系数越高。花纹磨损越严重,在路面上的制动距离也越长,如图6-31所示。

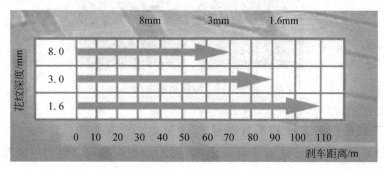

图6-31 胎面花纹深度与制动距离示意图

6.1.5 轮胎的类型

必须根据天气条件及道路条件选用合适的轮胎,轮胎分为夏季轮胎、冬季轮胎、四季轮胎和越野轮胎。

1. 夏季轮胎

夏季轮胎适用于没有积雪和结冰的路面,这些轮胎所使用的合成橡胶在高温下也不会软化,所以花纹磨损也少,如图6-32(a)所示。

2. 冬季轮胎

冬季轮胎为低温设计,所采用的合成橡胶在低温下不会变硬。此外轮胎上有突出的花纹,通常还有较细的胎面花纹,如图6-32(b)所示。

冬季轮胎与夏季轮胎相比,其允许的最高速度也小于车辆的最高时速,如图6-33所示。在这种情况下,必须在驾驶员视野范围内的醒目位置粘贴带有最大规定速度的提示标签。在一些车型中,可以通过电子装置设置相应速度警告或速度限制。

原则上,车辆和轮胎制造商建议所有车轮使用相同的轮胎。不建议冬季轮胎和夏季轮胎混用。

(a) 夏季轮胎　　　　(b) 冬季轮胎

图 6-32　轮胎的类型

图 6-33　冬季轮胎速度限制

3. 四季轮胎

四季轮胎为冬季和夏季轮胎的折中方案。这种轮胎在冬季和夏季均可使用。

4. 越野轮胎

越野轮胎的特点是花纹较粗较深，适用于松软的路面和野外路况，特别适用于沙土或岩石路面。

6.2　车轮的结构与类型

学习目标

（1）能描述车轮的作用；
（2）能描述车轮各组成部分的名称及作用；
（3）理解车轮标识的含义；
（4）能正确选用车轮。

6.2.1　车轮的作用

车轮是介于轮胎和车轴之间承受负荷的旋转部件。其功用是安装轮胎，承受轮胎与车桥之间的各种载荷。

6.2.2　车轮的结构

车轮通常由轮辋和轮辐两个主要部件组成。轮辋和轮辐可以是整体的、永久连接式的或可拆卸式的。按轮辐的构造，车轮可分为辐板式和辐条式两种主要形式，如图 6-34 所示。辐板式车轮由钢板制成，包括轮辋和辐板；辐条式车轮由轮辋和辐条组成。轮辋形成了轮胎的支撑面，辐板或带辐条的轮毂可以固定在车轮法兰或制动鼓上。

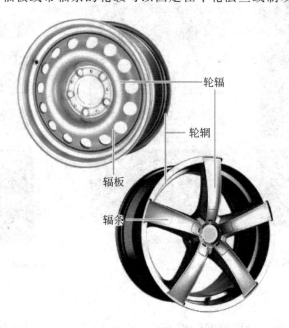

图 6-34　车轮的组成

轮辋要进行相应的加工成型，才可以使轮胎很好地固定在上面。如图 6-35 所示，胎圈固定在轮缘和胎圈座的凸峰之间。这样，轮胎在胎压不足或极端负荷下，既不会向外滑出轮缘，也不会向内滑入轮辋槽。由于结构不同，轮辋上可能有一个凸峰，也可能有两个凸峰，几乎所有轿车的轮辋都是双凸峰结构。

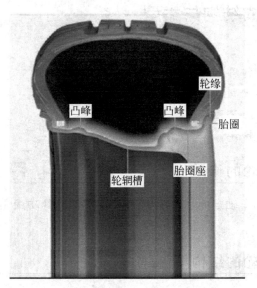

图 6-35　轮辋

轮辋槽为轮辋底部具有足够的深度和宽度的凹槽。在安装轮胎时需要轮辋槽,以避免损坏轮胎胎圈。

6.2.3 车轮的尺寸和标识

1. 车轮的尺寸

(1) 轮辋直径和轮辋宽度。车轮轮辋尺寸决定了哪些轮胎适合于车轮。轮辋尺寸包括轮辋直径与轮辋宽度,如图 6-36 所示。

轮辋直径是指上下胎圈座之间的距离,轮辋宽度是指两轮缘内侧之间的距离。

(2) 车轮偏距。车轮偏距是指轮辋中心平面到安装面之间的距离,如图 6-37 所示。

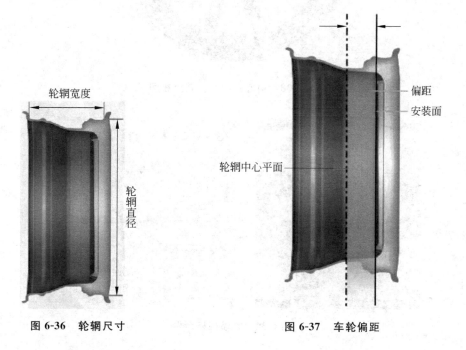

图 6-36　轮辋尺寸　　　　　图 6-37　车轮偏距

(3) 中心孔和螺栓孔分布圆。车轮的中心孔用于将车轮预定位到车辆的轮毂中心,并用车轮螺栓和车轮螺母固定在整车上。更换轮辋时,螺栓安装孔数量和螺栓分布圆直径必须与制动毂或轮毂法兰一致,如图 6-38 所示。

2. 标识说明

如图 6-39 所示是一个轿车车轮的轮辋规格示例。

第 1 个数字是轮辋宽度,单位为英寸;字母 J 表示高度为 17.3mm 的普通轮辋凸缘结构;×表示一件式深槽轮辋,与×相对的另一种结构使用连接符(—)表示,代表多件式平底轮辋;15 表示轮辋直径,单位为英寸;H2 表示双凸峰;ET47 表示内偏距为 47mm。外偏距用 IS-表示,其标记有时候单独位于车轮内或轮缘外侧。

数字 4 表示螺栓孔的数量。为了便于准确配套选择轮胎和轮辋,制造商标明了相应的特征编号。

图 6-38 中心孔和螺栓孔分布圆

图 6-39 轮辋规格示例

6.2.4 整体式车轮

整体式车轮包括轮胎、车轮、气门嘴、车轮紧固件和车轮装饰罩(或叫轮毂盖),如图 6-40 所示。

现在的轿车行业中,除了极少数情况外,已经不再使用内胎。带有上述部件的整个车轮被称为整体式车轮。

1. 轮胎和车轮

轮胎和车轮必须具有相同的轮辋直径,轮胎的胎面宽度和轮辋开口宽度相一致,以便可以互相组合,如图 6-41 所示。可以从轮胎宽度标记和轮辋开口宽度标记进行确定。在更换轮胎和车轮时,必须参考车辆保养手册和轮胎生产厂商的相关资料。

模块6 轮胎的认识与使用

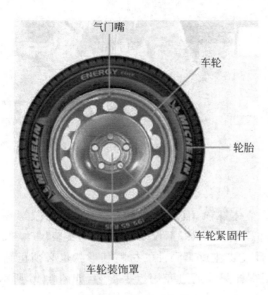

图 6-40 整体式车轮

图 6-41 轮胎和车轮参数一致

2. 气门嘴

轮胎必须使用轮胎充气设备通过气门嘴充入压缩空气。为避免压缩空气泄漏,必须在气门嘴处对空气进行密封。因此,轮胎上配备了一个相应的气门芯,在连接轮胎充气设备时,气门芯打开,在去除连接后立即关闭,如图 6-42 所示。

气门嘴由橡胶或金属制成,橡胶气门嘴延长到轮辋内,直到通过胎圈固定卡止。金属气门用螺栓拧紧在轮辋内,装配时要注意扭矩,如图 6-43 所示。

图 6-42 气门嘴

图 6-43 橡胶气门嘴与金属气门嘴

气门嘴必须与轮辋气门嘴孔直径配合。在更换轮胎时,需要更换总成,金属气门嘴只需要更换金属芯。

某些汽车上配备的电子胎压监测系统与气门嘴组成一个整体,如图 6-44 所示。

3. 气门嘴帽

气门嘴帽通过一个橡胶密封件对气门嘴起到密封作用,还能保护气门嘴外部不受污染并避免水分的渗入,如图 6-45 所示。如果配备胎压监测系统,则取消气门嘴帽。

图 6-44　电子胎压监测系统　　　　图 6-45　气门嘴帽

4. 车轮紧固件

车轮紧固件有多种结构,有带锥座的整体螺栓,有带球座的整体螺栓,有跟螺帽连接的螺栓,还有锥座跟螺栓分体的螺栓。选用紧固件时,不仅要注意匹配安装尺寸、螺栓和螺母的锁紧方式、制造商的安装要求,而且还要注意紧固件的材料和形状也必须正确。

如果紧固件配备有防盗保护装置,则螺栓只能通过专用扳手拆装,如图 6-46 所示。

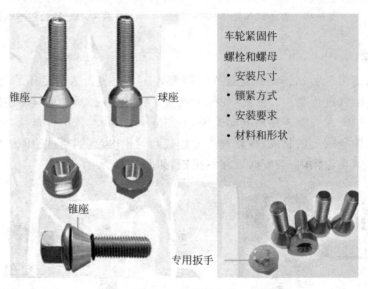

图 6-46　车轮紧固件

5. 车轮装饰罩

车轮装饰罩主要用于改善车轮的外观,它也可以保护气门嘴并防止离心力。此外,它还可以保护车轮螺栓,并防止轮毂受潮生锈,减小损坏的可能性。如图 6-47 所示。

6. 内胎

带内胎的车轮现在只在摩托车和农用车上使用,极少数情况下用在越野车上,如图 6-48 所示。

任何情况下都不允许使用内胎来修理损坏的轮胎。

图 6-47　车轮装饰罩

图 6-48　内胎

7. 雪地防滑链

冬季行驶时，有时候必须使用雪地防滑链，如图 6-49 所示。雪地防滑链原则上应安装在驱动轮上。对于四轮驱动的车辆，应遵守汽车制造商的说明，安装后检查是否活动自如。

图 6-49　雪地防滑链

此外，在行驶几公里后还应检查是否仍然牢固，带雪地防滑链的车辆时速通常不要超过 50km/h。

6.3　轮胎的使用与检查

学习目标

（1）能检查轮胎磨损情况并分析磨损原因；
（2）能检查轮胎气压并进行调整；
（3）能正确进行轮胎换位。

6.3.1 轮胎的检查与更换原则

1. 轮胎磨损的检查

当轮胎损坏、老化或胎面花纹严重磨损时必须更换轮胎。测量胎面花纹深度时，必须在轮胎圆周方向上的多个位置测量。每个轮胎的测量值都必须记录下来，方便此后进行比较，当胎面花纹深度低于最低极限时应该更换轮胎。利用举升机把车辆举升起来会使测量的操作更方便，如图6-50所示。

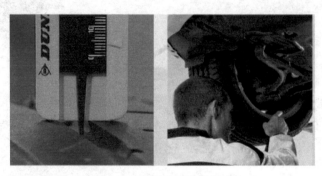

图6-50　测量胎面花纹深度

2. 轮胎换位的基本原则

如果各个胎面花纹深度磨损程度不一样，在汽车转弯、经过湿滑路面、制动时就会导致行驶稳定性变差，如图6-51所示。

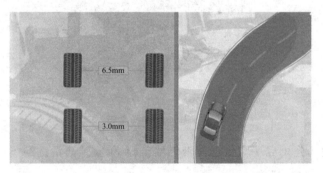

图6-51　胎面花纹深度磨损程度不一样对行驶稳定性有影响

胎面花纹深度磨损程度不一样的轮胎原则上可以继续使用，但是应该进行轮胎换位。胎面花纹比较高的轮胎行驶性能和安全性都比较好，原则上应该安装在后面，这样在汽车转弯、经过湿滑路面或制动的时候可以实现更高的行驶稳定性。

3. 轮胎换位的方法

如果前后桥上安装的轮胎型号不同（如后桥上安装的是较宽的轮胎），如图6-52所示，即使胎面花纹深度不同的时候也不能进行轮胎换位。如果车上安装的轮胎型号相同，则轮胎换位的基本原则是：斜交轮胎采用交叉换位，子午线轮胎采用单边换位。单边换位可以避免影响车辆行驶性能、减少轮胎的磨损。

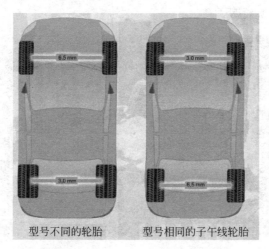

型号不同的轮胎　　　　型号相同的子午线轮胎

图 6-52　前后桥上安装的轮胎型号

4. 轮胎的选择

如果要更换全部轮胎,应尽量使用同型号的轮胎;如果只需要更换一个车桥上的轮胎,则必须使用相同型号的轮胎。更换轮胎时,新轮胎的尺寸、负荷指数、速度等级等数据应该符合原厂要求,新轮胎的负荷指数和速度等级可以高出原厂轮胎上的数据,但不能低于这些数据。

5. 轮辋的选择

在更换轮胎时,应首先清洁轮辋,然后检查轮辋是否有损坏、磨损等情况,如图 6-53 所示。轮辋凸峰内侧会产生一定程度的磨损,但这部分磨损不得超过 1mm。如果要更换车轮,则新车轮的轮辋宽度、轮辋直径、偏距、螺栓孔分布圆直径和中心孔直径这些参数应符合原厂要求。

图 6-53　轮辋的清洁与检查

6. 车轮紧固件的检查与清理

更换轮胎的时候,除了要检查轮胎和轮辋,还要检查车轮紧固件,如图 6-54 所示。车轮紧固件上的机油、润滑脂等污物必须清理干净;锈蚀、损坏的车轮紧固件必须更换;轮毂上的车轮紧固件螺栓和螺纹孔也必须进行清理、除锈；如果轮毂上的车轮紧固件螺栓和螺纹孔有损坏，则必须更换轮毂。

图 6-54　车轮紧固件的检查与清理

6.3.2　车轮的清洗与储存

1. 车轮的清洗

在清洗轮胎与车轮的时候注意事项如下：

（1）清洗轮胎应该使用纯水或肥皂水，不得使用具有腐蚀性的清洁剂。

（2）如果使用高压清洗设备，必须和车轮保持至少 30cm 的距离。

（3）轮胎与车轮也可以放入专用的轮胎清洗设备中清洗。轮胎清洗设备如图 6-55 所示。

（4）用过的钢制车轮在清洗后必须检查是否有锈蚀的地方，如果有锈蚀必须清除。

2. 车轮的储存

（1）储存方式。轮胎储存时应该根据具体情况选择存放的方式：整体式车轮应该悬挂或平放；没有安装到车轮上的轮胎应该放在专用存放架上竖立储存，如图 6-56 所示。整体式车轮在特殊情况下也可以竖立储存，但必须提高胎压。

图 6-55　轮胎清洗设备

图 6-56　轮胎储存

（2）储存场地。如果轮胎长时间与燃油、润滑油、化学试剂接触，就会使轮胎材料受到影响，导致轮胎性能下降。因此，不能在维修车间内随意储存轮胎，储存轮胎的库房应该保持适宜的温度、干燥、避光、适度通风。

6.3.3　轮胎的磨损

轮胎的磨损分正常磨损和非正常磨损，本文主要介绍轮胎的正常磨损、非正常磨损、间接损伤及维修等。

1. 正常磨损

（1）轮胎检查

对汽车轮胎进行检查不但可以了解车轮和轮胎的状况，还可以知道车辆使用情况或可能存在的故障。

通过检查还可以推断出驾驶员的驾驶习惯。例如，运动型驾驶方式对轮胎产生的影响与正常的驾驶方式产生的影响不一样。

由于车轮位置的不同，轮胎花纹的磨损程度也不同。例如，对于后轮驱动的车辆来说，因为驱动力和转向力不在一个车桥上，引起的轮胎花纹磨损差别更大。

（2）轮胎花纹磨损

车辆行驶时会对轮胎花纹产生磨损，通过胎纹的剩余深度可看出磨损情况，胎纹应在轮胎整个圆周上产生均匀磨损，磨损程度不超过规定的最小胎纹深度。驾驶车辆时，除了路面因素，环境温度和驾驶方式也会对胎纹的磨损产生影响，特别是驾驶方式会对胎纹的磨损产生很大影响。与正常的驾驶方式相比，高时速加速行驶、制动和弯道行驶时会明显加快胎纹的磨损。

通过图 6-57 可以观察到，随着车速的提高，轮胎的磨损正在加快。

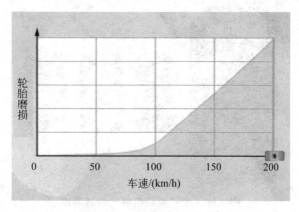

图 6-57　车速与轮胎磨损

（3）工作状态对轮胎磨损的影响

后轮驱动的车辆，由于转向轮和驱动轮负荷不同，造成轮胎的磨损也不一样。

转向桥上的轮胎花纹随着使用时间的增加，会在胎肩外侧形成明显的磨损，这主要是由于弯道行驶的侧向力造成的。驱动桥上的轮胎长期使用会在胎纹中部形成明显磨损，这是由于随着速度的增加,在离心力的作用下,轮胎直径会加大,使轮胎的支撑面变小,但同时还必须传递较大的驱动力。在这种动力分配下,后轮驱动车辆形成了前后车轮的不同磨损情况,如图 6-58 所示。

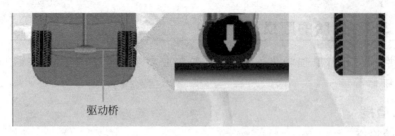

图 6-58　后轮驱动车辆轮胎的磨损

前轮驱动车辆的两个前轮胎,由于转向力和驱动力的叠加,在轮胎的中间和两侧都会出现磨损现象,如图 6-59 所示。

图 6-59　前轮驱动车辆轮胎的磨损

全轮驱动车辆因为驱动力和转向力都在同一车桥上,因此几种类型的轮胎磨损会形成叠加,如图 6-60 所示。

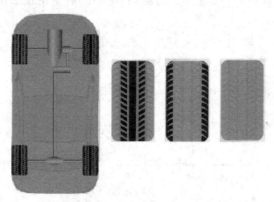

图 6-60　全轮驱动车辆轮胎的磨损

车辆在高速行驶下加速、制动和弯道行驶时,会导致明显不均匀磨损,而在正常行驶时,轮胎磨损较慢,同时磨损位置会比较均匀。

(4) 锯齿形磨损的形成

锯齿形磨损是胎纹的另一种不均匀磨损。轮胎花纹的变形或轮胎接触面花纹凸起的变形产生了锯齿形磨损,花纹凸起在接触地面时被压缩,而在离开地面后重新伸展开来,因此花纹凸起会与路面形成摩擦并在这个方向增加磨损,从而形成锯齿形状,如图6-61所示。形成的锯齿会增加滚动噪声。

为了避免这种情况发生,可以对调前后桥的车轮,因为锯齿主要出现在非驱动轮上,而非驱动轮上滑行相对较少,因此可以让锯齿形磨损保持不变。此外,轮胎胎压过低也会增加锯齿形磨损。

图6-61 锯齿形磨损的形成

2. 非正常磨损

(1) 偏磨

① 错误的车轮定位会造成汽车轮胎的偏磨,因此应定期检查车轮的前束和外倾角,如图6-62所示。

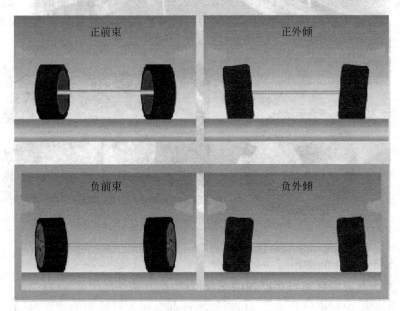

图6-62 车轮定位

② 正前束和正外倾会加大车轮外侧胎肩上的胎纹磨损。

③ 负前束和负外倾会加大车轮内侧胎肩上的胎纹磨损。

④ 正前束或外倾角为0的负前束,都会使胎纹产生横向凸起,由此增加均匀磨损。

由此可以看出,底盘调校错误会影响操纵稳定性和安全性,还会增加轮胎的滚动阻力,进而增加燃油消耗。

(2) 轮胎圆周的重复磨损

车辆上的各种缺陷会造成轮胎着地面胎纹的重复磨损,如图6-63所示。

例如,悬架损坏,特别是减振器损坏会造成车辆在运行过程中出现跳动,导致轮胎的重复磨损,如图6-64所示。当出现这样的故障时,即使已经排除故障,但轮胎已经出现不均匀磨损情况,导致车轮不能平稳运行,因此必须更换轮胎。

图 6-63　轮胎圆周的重复磨损　　　　图 6-64　车轮悬架

(3) 制动磨损

车辆常规制动时,抱死车轮会造成轮胎花纹明显的局部磨损,这种磨损被称为制动磨损。当车辆配有防抱死制动系统时,会间歇短时抱死车轮,轮胎可能出现多处制动磨损,如图 6-65 所示。带有制动磨损的轮胎会产生运行噪声并影响驾驶安全性,因此这种制动磨损严重时务必要更换轮胎。

图 6-65　轮胎制动磨损

(4) 胎压错误产生的磨损

错误的胎压是造成轮胎过早磨损的主要原因。

一般低压轮胎的标准气压为 2.2bar,胎压过低会加大对轮胎的挤压,从而加剧轮胎两侧的磨损。

例如,胎压低于标准气压 0.2bar 时,轮胎花纹两侧就会出现磨损;胎压低于标准气压 0.4bar 时,磨损加剧;胎压低于标准气压 0.6bar 时,轮胎温度升高,导致轮胎损伤。这是由于轮胎挤压越严重,会使轮胎过热并形成内部气泡或裂纹,从而损伤轮胎甚至完全毁坏,如图 6-66 所示。

过高的胎压也会使轮胎变形,使轮胎支承面变小,从而加大支承面胎纹的磨损。

例如,当胎压高于标准气压 0.2bar 时,对轮胎无直接影响;当高于标准气压 0.4bar 时,轮胎中部花纹出现轻微磨损,轮胎使用寿命略微缩短;当胎压高于标准气压 0.6bar 时,轮胎花纹中部磨损增加,导致轮胎使用寿命缩短;当胎压高于标准气压 0.8bar 时,将导致轮胎花纹中部磨损加剧,使用寿命严重缩短,如图 6-67 所示。

如果行驶中胎压不符合标准,则会加大轮胎负荷,增加磨损。为了避免这种情况发

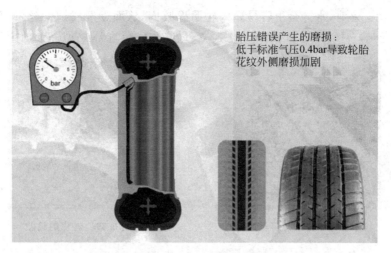

图 6-66 胎压过低产生的磨损

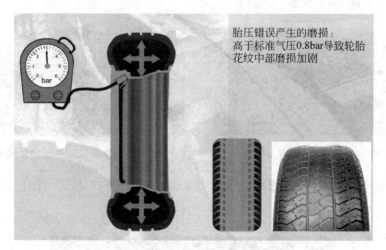

图 6-67 胎压过高产生的磨损

生,应定期对胎压进行检查,并调整到规定的胎压值。由于轮胎被加热后胎压会自动提高,从而影响测量结果,因此必须在轮胎冷却后测量胎压。

(5) 停驶变形

车辆在长时间停放时,车身的重量会作用在轮胎上使其变形,从而在轮胎着地面形成停驶变形,因此用于展览的车辆应提高胎压避免出现这类变形。

车辆在行驶后,轮胎变热软化,冷却变硬后就会保持轮胎被压的形状,如果停放一整夜,会产生暂时轮胎变形,在重新行驶期间,轮胎会很快恢复原状,这是由于轮胎通过挤压变热并重新恢复弹性,如图 6-68 所示。

进行维修工作时,也应注意轮胎的热变形。在任何情况下,都不得在加热的喷漆室内存放轮胎,否则造成轮胎的变形将很难消除。

(6) 老化

轮胎的主要材料为天然橡胶,随着时间的推移,轮胎橡胶会发生老化,变得脆化和多孔,如图 6-69 所示。这时，水分会很容易渗入轮胎橡胶内，从而逐渐腐蚀钢丝带束。随着轮胎橡胶的严重老化，会使橡胶从钢丝带束上脱落，最终造成轮胎无法使用，如图 6-70 所示。

图 6-68 轮胎的停驶变形

图 6-69 老化的轮胎

在轮胎橡胶中添加抗老化剂可以防止橡胶老化，但只有在轮胎行驶过程中保护剂才会发挥作用。如图 6-71 所示。

图 6-70 橡胶从钢丝带束上脱落

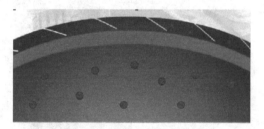
图 6-71 轮胎橡胶中添加的抗老化剂

轮胎自生产之日起，最长使用期限为 10 年，可以在 DOT 标记中知道轮胎的生产日期。如图 6-72 所示。

图 6-72 轮胎生产日期标识

3．间接损伤和维修

（1）间接损伤

轮辋或其他连接部件上未发现的缺陷可能对轮胎产生伤害。轮胎上的刺伤和割伤会造成钢丝带束锈蚀并导致橡胶的脱落。如果安装轮胎时损伤了胎圈，会造成轮胎和轮辋结合不紧密，从而导致漏气。因此，轮胎上如果存在明显的胎圈损坏，则不可继续使用。

有缺陷的钢质辐板式车轮,特别是胎圈座缺陷会引起轮胎漏气。

(2) 维修

汽车制造商不推荐对损坏的轮胎进行维修。

如果轮胎的胎体断裂如图 6-73 所示,绝对不能修补!这类损伤主要是车辆快速行驶时撞击较尖的路石造成的;同样当胎面出现割伤时,也不允许进行修理,这些割伤可能是因为汽车驶过路面上有尖锐棱角的物体而造成的;刺伤可能是路面上的异物造成的,只有在全面检查后才可进行修理,通常厂家建议更换轮胎,因为其钢丝带束可能已经锈蚀。

图 6-73 轮胎的损坏形式

6.4 技能实训:检查与更换轮胎与车轮

1. 安全要求及注意事项

(1) 进入汽车实训场地后,在老师的指导下,进行实训车辆操作。

(2) 在公路上更换轮胎,应在车辆后方放置三角警示牌。

(3) 在用千斤顶举升的过程中,千斤顶要处于垂直状态,否则举升不稳定,千斤顶会侧倒,从而导致危险发生。

(4) 车辆一侧举升时,另一侧需用硬物撑挡,防止车辆倾倒。

(5) 实习结束,整理清洁工具和场地。

2. 对设备、工具、耗材的要求

(1) 设备:桑塔纳 3000 或其他车辆、轮胎气压表、轮胎花纹深度尺、随车工具。

(2) 耗材:抹布若干。

3. 轮胎的检查

轮胎检查内容包括:检查胎面磨损情况及有无异常磨损,清除嵌在花纹中的异物,检查轮胎损伤情况(开裂、鼓包、划痕等),必要时检查调整轮胎气压,做轮胎换位。轮胎外观检查如图 6-74 所示。

(1) 轮胎花纹深度的检查

检查胎纹深度(包括备胎):用轮胎花纹深度尺检查,轮胎胎纹的深度不低于 1.6mm。

当轮胎表面磨损到与规定的指示条接近(在轮胎边沿对应处有三角形标志,每个胎上均匀分布了 6 个,如图 6-75 所示)时,应立即更换轮胎。

图 6-74　轮胎外观检查

图 6-75　轮胎表面磨损极限标志

（2）轮胎气压的检查

① 查询轮胎充气压力参数（包括备胎），见燃油箱盖内侧,如图 6-76 所示。

图 6-76　轮胎充气压力参数

注意：表中胎压值指冷态时的压力。

② 用轮胎气压表（见图 6-77）检查四个车轮的轮胎气压和备胎的气压,如图 6-78 所示。备胎按轮胎最大气压充注。

图 6-77　轮胎气压表

图 6-78　气压检查

③ 使用轮胎气压表进行充气和放气的操作。压力单位：$1\text{bar}=0.1\text{MPa}=100\text{kPa}=1\text{kg}\cdot\text{f}/\text{cm}^2$。

(3) 轮胎的换位

如前轮磨损量比后轮大,应按图6-79所示互相换位;较深的轮胎花纹使汽车行驶更为安全,尤其是在潮湿的路面上。

注意:

① 轮胎应成对调换,而不可以单个调换,花纹高的轮胎应装在前轮。

② 在装上新的无内胎轮胎时,应同时装上新的橡胶气门芯。

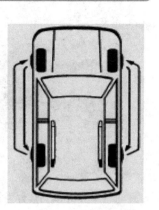

图6-79 前后轮单侧换位

4. 轮胎的更换

(1) 轮胎的拆卸

① 将车辆停在水平硬质路面上,如图6-80所示。

② 打开危险警告灯,如图6-81所示。

图6-80 停好车辆

图6-81 打开危险报警灯

③ 拉好车辆驻车制动,如图6-82所示。

④ 打开行李箱盖,取出警示牌、随车轮胎套筒扳手和千斤顶,如图6-83所示。

图6-82 拉好手制动

图6-83 取出随车工具

⑤ 放置警示牌。在公路上更换轮胎时,将三角警示牌放置在车辆后方50~100m处,如图6-84所示。

⑥ 用硬物挡住拆卸车轮同侧另一车轮的前、后端,如图6-85所示。

图 6-84 放好三角警示牌

图 6-85 用硬物挡住车轮

注意：如果找不到硬物挡住车轮，可以将备胎放于车门底部纵梁下方、不影响千斤顶举升的地方，再使用千斤顶举升车辆。以免在举升时，车辆移动发生危险！如图 6-86 所示。

⑦ 取下车轮装饰罩。车轮装饰罩如图 6-87 所示。

图 6-86 用轮胎挡住车轮

图 6-87 车轮装饰罩

⑧ 对角逆时针拧松车轮的 4 个固定螺栓，如图 6-88 所示。

⑨ 将随车千斤顶放在车辆车门底部的纵梁下，如图 6-89 所示。

图 6-88 对角逆时针拧松螺栓

图 6-89 安放好千斤顶

⑩ 转动螺杆使千斤顶支臂上升。

注意：如果车辆停的路面不是硬质路面，需要用较大的硬质物体垫好千斤顶再举升车辆，如图 6-90 所示。

⑪ 当千斤顶支臂将要和纵梁接触时,确认支撑位置,如图 6-91 所示。

图 6-90　千斤顶底部硬质接触面

图 6-91　举升车辆

⑫ 拧下车轮的 4 个固定螺栓,如图 6-92 所示。
⑬ 拆下车轮,如图 6-93 所示。

图 6-92　拧下固定螺栓

图 6-93　拆下车轮

(2) 车轮的安装

① 取出备胎,如图 6-94 所示。
② 将备胎放在轮毂上,用手拧上 4 个车轮螺栓,如图 6-95 所示。

图 6-94　取出备胎

图 6-95　拧上车轮螺栓

③ 对角预拧紧车轮的 4 个固定螺栓,如图 6-96 所示。
④ 转动螺杆式千斤顶支臂下降,放下车辆,撤出千斤顶,如图 6-97 所示。

图 6-96　对角预拧紧车轮的固定螺栓

图 6-97　撤出千斤顶

⑤ 对角拧紧车轮螺栓,直至拧不动为止,按规定扭矩检查并紧固车轮螺栓,如图 6-98 所示。

⑥ 安装车轮装饰罩,如图 6-99 所示。

图 6-98　对角拧紧车轮螺栓

图 6-99　安装车轮装饰罩

⑦ 将随车轮胎套筒扳手、千斤顶整理好,如图 6-100 所示。

⑧ 撤走挡住拆卸车轮同侧另一车轮前、后端的硬物,如图 6-101 所示。

图 6-100　整理随车工具

图 6-101　撤除硬物

⑨ 收起警示牌,如图 6-102 所示。

⑩ 将随车轮胎套筒扳手、千斤顶和警示牌放回行李箱,如图 6-103 所示。

⑪ 关好行李箱盖,车轮安装完毕,如图 6-104 所示。

图 6-102　收起警示牌

图 6-103　随车设备放回行李箱

图 6-104　关好行李箱盖

练习与思考

1. 判断题（正确的打√，错误的打×）

(1) 雪地防滑链原则上应安装在从动轮上。（　　）
(2) 带雪地防滑链的车辆时速通常不要超过 50km/h。（　　）
(3) 偏距是指使车轮减速或停转的机件，一般有盘式和鼓式两种。（　　）
(4) 斜交轮胎允许滚动面设计成圆形。（　　）
(5) 通常斜交轮胎内设计有钢丝带束。（　　）
(6) 轮胎侧壁标识 255/50 R 16 中 255 代表轮胎的断面宽度。（　　）
(7) 车轮通常由轮辋和轮辐两个主要部件组成。（　　）
(8) 子午线轮胎进行轮胎换位时，采用的是交叉换位。（　　）

2. 选择题

(1) 在轮胎的胎侧标有轮胎的类型和规格，下列（　　）数据不需要标注在轮胎的侧面。

　　A. 轮胎尺寸　　　B. 承载能力　　　C. 最高车速　　　D. 轮胎成分

(2) 汽车直线行驶的稳定性主要通过（　　）得以保证。

　　　　A. 轮胎的耐磨性能　　　　　　　　B. 轮胎平稳的转动
　　　　C. 轮胎的减振性能　　　　　　　　D. 轮胎的低滚动阻力
（3）轮胎的主要成分为橡胶和填充材料，其中橡胶的含量大约为（　　）。
　　　　A. 30%　　　　B. 40%　　　　C. 50%　　　　D. 60%
（4）子午线轮胎的帘线与行驶的方向（　　）。
　　　　A. 一致　　　　B. 基本垂直　　　　C. 呈40°夹角　　　　D. 呈60°夹角
（5）雪泥轮胎在车轮上用（　　）标识。
　　　　A. Run On Flat　　　　　　　　　　B. GREEN X
　　　　C. REDUCES CO2　　　　　　　　　D. M+S
（6）下列描述中，不属于胎面花纹作用的是（　　）。
　　　　A. 将路面的积水吸收到胎面沟槽内，然后排到外面，以免打滑
　　　　B. 压实松散的路面，提高了轮胎的附着力
　　　　C. 避免车轮在积雪和淤泥上打滑
　　　　D. 降低车轮的滚动阻力
（7）子午线轮胎在进行轮胎换位时，采用的正确方法是（　　）。
　　　　A. 交叉换位　　　　　　　　　　　　B. 单边换位
　　　　C. 前桥轮胎互换，后桥轮胎不能换位　　D. 后桥轮胎互换，前桥轮胎不能换位
（8）轮辋凸峰内侧会产生一定程度的磨损，这部分磨损的极限值是（　　）。
　　　　A. 1mm以下　　　　B. 1mm以上　　　　C. 1～5mm　　　　D. 5～10mm

3. 简答题

（1）轮胎由哪几部分组成？各自的作用是什么？
（2）车轮由哪几部分组成？各自的作用是什么？
（3）轮胎使用较长时间后要换位，需按怎样的原则进行？
（4）引起轮胎不正常磨损的原因有哪些？

作业单 6-1　认识与检查轮胎与车轮

姓名：_____　　班级：_____　　日期：_____

1. 将作业图 6-1 中轮胎的各组成的名称和作用填入作业表 6-1。

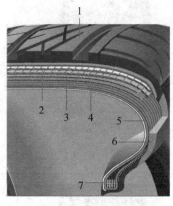

作业图　6-1

作业表　6-1

序号	名　　称	作　　用
1		
2		
3		
4		
5		
6		
7		

2. 根据作业图 6-2 所示的轮胎标识，在作业表 6-2 中写出各部分符号的含义。

作业图　6-2

作业表　6-2

序号	含　　义	序号	含　　义
①		④	
②		⑤	
③		⑥	

3. 根据轮胎磨损情况分析可能原因,填入作业表6-3。

作业表 6-3

序号	现 象	图 片	可能原因分析
1	中部磨损		
2	胎肩磨损		
3	单侧磨损		
4	羽状磨损		

4. 检查实训车辆的轮胎,填写作业表6-4和作业表6-5。

车辆1 轮胎1:

作业表 6-4

轮胎型号			
轮胎气压		是否符合标准	
花纹深度		是否符合标准	
目测情况			
结论			

车辆 2 轮胎 2：

作业表 6-5

轮胎型号			
轮胎气压		是否符合标准	
花纹深度		是否符合标准	
目测情况			
结论			

模块 7

空调系统的认识与使用

学习目标

1. 知识目标
(1) 能说出汽车空调的概念、组成和分类；
(2) 能说出汽车空调制冷剂和冷冻油的概念；
(3) 能描述汽车空调制冷装置的工作循环过程；
(4) 能描述汽车空调取暖装置的工作循环过程。

2. 能力目标
(1) 认识汽车的空调控制面板；
(2) 能说明汽车空调控制面板上各按键的功能；
(3) 能正确使用汽车的空调系统。

案例导入

李小姐打算购入一辆上海大众帕萨特领驭汽车，但其对领驭的舒适性配置不够了解，于是到上海大众4S店向销售人员咨询领驭的空调系统的功能和使用方法。

服务方案

(1) 销售人员向客户讲述汽车空调的功能和特点；
(2) 销售人员向客户介绍帕萨特领驭空调的组成；
(3) 销售人员向客户介绍帕萨特领驭空调系统的使用说明；
(4) 在试乘试驾中让客户体验帕萨特领驭空调系统的使用感受。

拓 扑 图

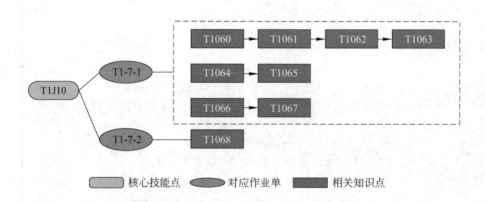

核心技能点

T1J10　认识空调系统

对应作业单

T1-7-1　认识空调制冷系统　　　　　　　　T1-7-2　认识空调的控制面板

相关知识点

T1060　汽车空调的功能　　　　　　　　　T1061　汽车空调的特点
T1062　汽车空调系统的组成　　　　　　　T1063　汽车空调系统的分类
T1064　汽车空调制冷剂的作用和种类　　　T1065　汽车空调冷冻油的作用和认识
T1066　汽车空调制冷装置的组成和工作原理　T1067　汽车空调取暖装置的工作原理
T1068　空调的自动运行模式与使用

7.1 空调系统的结构及工作原理

学习目标
(1) 能说出汽车空调的功能和特点；
(2) 能说出汽车空调的组成和分类；
(3) 能说出制冷剂和冷冻油的作用；
(4) 能描述空调制冷、取暖装置的工作原理。

7.1.1 汽车空调的功能

汽车空调是汽车室内空气调节的简称，它用以调节车内的温度、湿度、气流速度、空气洁净度等，从而创造清新舒适的车内环境，改善驾驶员的工作劳动条件，提高乘员的舒适性。

1. 调节车内的温度

汽车空调在冬季利用其采暖装置升高车室内的温度。轿车和中小型汽车一般以发动机冷却循环液作为暖气的热源，而大型客车则采用独立式加热器作为暖气的热源。在夏季，车内降温由制冷装置完成，我国大多数汽车的空调只具有这种单一功能。

2. 调节车内的湿度

普通汽车的空调一般不具备这种功能，只有高级豪华汽车采用的冷暖一体化空调器才能对车内的温度进行适量调节。它通过制冷装置冷却、去除空气中的水分，再由取暖装置升温以降低空气的相对湿度。但在汽车上目前还没有安装加湿装置，只能通过打开车窗或通风设施靠车外新鲜空气来调节。

3. 调节车内的空气流速

空气的流速和方向对人体舒适性的影响很大。夏季，气流速度稍大，有利于人体散热降温；但过大的风速直接吹到人体上，也会使人感到不舒服。舒适的气流速度一般为 0.25m/s 左右。冬季，风速大了会影响人体保温，因而冬季采暖时气流速度应尽可能小一些，为 0.15~0.20m/s。根据人体生理特点，头部对冷比较敏感，脚部对热比较敏感。因此，在布置空调出风口时，应采取上冷下暖的方式，即让冷风吹到乘员头部，暖风吹到乘员脚部。

4. 过滤、净化车内的空气

由于车内空间小，乘员密度大，车内极易出现缺氧和二氧化碳浓度过高的情况；汽车发动机废气中的一氧化碳和道路上的粉尘、野外有毒的花粉都容易进入车内，造成车内空气污浊，影响乘员的身体健康，因此必须要求汽车空调具有补充车外新鲜空气、过滤和净化车内空气的功能。一般汽车空调装置上都设有进风门、排风门、空气过滤装置和空气净化装置。

7.1.2 汽车空调的特点

了解汽车空调特点,有利于汽车空调的使用和维护。汽车空调的主要特点如下:

(1) 因汽车空调安装在运动中的车辆上,要承受剧烈和频繁的振动与冲击,所以汽车空调的各个零部件应有足够的强度和抗震能力,接头牢固并防漏。汽车空调制冷系统极容易发生制冷剂的泄漏,破坏整个空调系统的工作条件。统计表明,汽车空调因制冷剂泄漏而引起空调故障的约占全部故障的80%。

(2) 空调系统所需的动力来自发动机,轿车、轻型汽车、中小型客车及工程机械,空调所需的动力和驱动汽车的动力都来自同一发动机,这种空调系统叫非独立式空调系统。对于大型客车和豪华型大中型客车,由于所需制冷量和暖气量大,一般采用专用发动机驱动制冷压缩机和独立的取暖设备,故称之为独立式空调系统。非独立式空调系统会影响汽车的动力性能,但比独立式空调系统在设备成本和运行成本上都经济。汽车安装了非独立式空调系统后,耗油量平均增加了10%~20%(和汽车的速度有关),发动机的输出功率减少了10%~12%。

(3) 要求汽车的制冷制热能力大,其原因在于:

① 车内乘员密度大、产生热量多、热负荷大,而冬天人体所需的热量也大。

② 汽车为了减轻自重,隔热层薄;汽车的门窗多、面积大,所以汽车隔热性能差,热量流失严重。

③ 汽车都在野外工作,直接接受太阳的热辐射、霜雪的冷、风雨的潮湿,环境恶劣,千变万化。要使汽车空调能迅速地降温,在最短的时间里达到舒适的环境,要求的制冷量就会特别大。非独立式空调系统,由于汽车发动机的工况变化频繁,所以制冷系统的制冷剂流量变化大。

(4) 汽车空调的结构紧凑、质量轻。由于汽车本身的特点,要求汽车空调结构紧凑,能在有限的空间进行安装,而且安装了空调后,不至于使汽车增重太多,影响其他性能。现代汽车空调的总重,已经比20世纪60年代下降了50%,是原始汽车空调质量的1/4,而制冷能力却增加了50%。

(5) 汽车空调的制热方式与房间空调完全不同。非独立式汽车空调制热时一般利用发动机的冷却液,而独立式空调系统则通常采用燃油制热装置。

7.1.3 汽车空调系统的组成

汽车安装空调系统的目的是为了调节车内空气的温度、湿度,改善车内空气的流动性,并提高空气的清洁度。因此,汽车空调系统主要由以下几部分组成。

1. 制冷装置

制冷装置对车内空气或由外部进入车内的新鲜空气进行冷却或除湿,使车内空气变得凉爽舒适。主要由压缩机、冷凝器、储液干燥装置、节流膨胀装置、蒸发器组成。

2. 暖风装置

暖风装置主要用于取暖,对车内空气或由外部进入车内的新鲜空气进行加热,达到取暖、除霜的目的。

3. 通风装置

通风装置将外部新鲜空气吸进车内,起通风和换气作用。同时,通风对防止风窗玻璃起雾也起着良好作用。

4. 电气控制装置

电气控制装置对制冷、取暖和空气配送系统的温度、压力进行控制,同时对车内的温度、风量、流向进行调节,并配有故障诊断和网络通信的功能,完善了控制系统的自动程度。

将上述全部或部分有机地组合在一起安装在汽车上,便组成了汽车空调系统。在一般的轿车、客车和货车上,通常只有制冷装置、暖风装置和通风装置。在高级轿车和高级大、中型客车上,除了制冷装置、暖风装置外,还有加湿装置和空气净化装置。

7.1.4 汽车空调系统的分类

1. 按功能分类

按功能可分为单一功能和组合式两种。

（1）单一功能是指冷风、暖风各自独立,自成系统,一般用于大、中型客车上。

（2）组合式是指冷、暖风合用一个鼓风机、一套操纵机构。这种结构又分为冷、暖风分别工作和冷、暖风可同时工作两种方式,多用于轿车上。

2. 按驱动方式分类

按驱动方式可分为非独立式汽车空调系统和独立式汽车空调系统两种。

（1）非独立式汽车空调系统。空调制冷压缩机由汽车本身的发动机驱动,汽车空调系统的制冷性能受汽车发动机工况的影响较大,工作稳定性较差。尤其是低速时制冷量不足,而在高速时制冷量过剩,并且消耗功率较大,影响发动机动力输出。这种类型的汽车空调系统一般多用于制冷量相对较小的中、小型汽车上。

（2）独立式汽车空调系统。空调制冷压缩机由专用的空调发动机（也称副发动机）驱动,故汽车空调系统的制冷性能不受汽车主发动机工况的影响,工作稳定,制冷量大,但由于加装了一台发动机,不仅增加了成本,而且也增加了体积和重量。这种类型的汽车空调系统多用于大、中型客车上。

3. 按控制方式分类

汽车空调系统按控制方式可分为手动、半自动和全自动（智能）3 种。

（1）手动空调系统。手动空调系统不具备车内温度和空气配送自动调节功能。制冷、取暖和风量的调节需要使用者按照需求手动调节,控制电路简单,通常使用在普及型轿车和中、大型货车上。控制面板一般如图 7-1 所示。

（2）半自动空调系统。半自动空调系统虽然具备车内温度和空气配送调节功能,但制冷、取暖和风量等部分功能仍然需要使用者手动调节。它配有电子控制和保护电路,通常使用在普及型或部分中档轿车上。控制面板一般如图 7-2 所示。

图 7-1　手动空调的控制面板

图 7-2　半自动空调的控制面板

（3）全自动（智能）空调系统。全自动空调系统具有自动调节和控制车内温度、风量及空气配送方式的功能。此系统的保护系统完善，并具有故障诊断和网络通信功能，工作稳定可靠，目前广泛应用在中、高档轿车和大型豪华客车上。控制面板一般如图 7-3 所示。

图 7-3　全自动（智能）空调的控制面板

7.1.5　制冷剂与冷冻油

1. 制冷剂

在制冷系统中用于转换热量并且循环流动的物质称为制冷剂，如图 7-4 所示。

汽车空调是利用蒸气压缩制冷装置驱动其循环流动实现制冷的。液体制冷剂在蒸发器中低温下吸取被冷却对象的热量而汽化，使被冷却对象得到降温。然后，又在高温下把

图 7-4　汽车空调制冷剂

热量传给周围介质而冷凝成液体。如此不断循环,借助于制冷剂的状态变化,达到制冷目的。

目前汽车空调系统通常使用 R134a 制冷剂。英文字母 R 是 refrigerant(制冷剂)的简称,其数字代号使用的是美国制冷工程师协会(ASRE)编制的代号系统。

制冷剂的种类很多,理论上只要能进行气液两相转换的物质,均可作为蒸发制冷系统的制冷剂。但寻找制冷效率高,且对环境没有污染的制冷剂却很困难,目前使用的新型制冷剂 R134a 只是 R12 的替代品,其排放物产生的温室效应仍然对环境有较大的危害。

与 R12 相比,R134a 具有不同的物理特征和化学性质,不适用于 R12 空调系统。如果 R134a 被错误地注入 R12 空调系统,将会出现许多问题,如压缩机工作不正常或制冷剂泄漏等。

2. 冷冻油

冷冻油也叫冷冻机油,是制冷压缩机的专用润滑油,如图 7-5 所示。它保证压缩机正常运转、可靠工作和延长使用寿命。其在空调制冷系统中的作用如下:

(1)润滑作用。压缩机是高速运动的机器,轴承、活塞、活塞环、曲轴、连杆等机件表面需要润滑,以减少阻力和磨损,延长使用寿命,降低功耗,提高制冷系数。

(2)密封作用。汽车使用的压缩机传动轴需要油封来密封,防止制冷剂泄漏。有润滑油,油封才能起到密封作用。同时,活塞环上的润滑油不仅有减小摩擦作用,还有密封压缩机蒸气的作用。

图 7-5　冷冻油

(3)冷却作用。运动的摩擦表面会产生高温,需要用冷冻油来冷却。冷冻油冷却不足会引起压缩机温度过热,排气压力过高,降低制冷系数,甚至烧坏压缩机。

(4)降低压缩机噪声。

7.1.6 制冷装置的工作原理

制冷装置由压缩机、冷凝器、储液干燥器、节流膨胀装置、蒸发器组成。各部分之间采用铜管（或铝管）和高压橡胶管连接成一个闭环系统，制冷系统工作时，制冷剂以不同的状态在这个闭环系统内循环流动。

蒸气压缩式制冷是利用液态制冷剂汽化吸热产生制冷效应的。从膨胀阀流出的低压低温液态制冷剂进入安装在车厢内的蒸发器。当制冷剂在蒸发器中流动时，不断吸收鼓风机吹来的车厢内空气中的热量，蒸发成低压低温的气态制冷剂。压缩机不断地抽吸这些带有更多热量的低压低温气态制冷剂，并将其压缩成高压高温的气态，进入安装在车厢外散热良好的冷凝器中。高压高温的气态制冷剂在冷凝器中经过冷却，逐渐凝结成高压高温的液态制冷剂，并储存于储液干燥器中。经干燥过滤后，高温高压液态制冷剂通过管路流向膨胀阀。通过膨胀阀的节流降压，制冷剂又恢复成低压低温的液态，重新进入蒸发器吸收热量，这样就完成了一个制冷循环。带有膨胀阀的制冷循环系统工作原理如图7-6所示。带有节流管的制冷循环系统工作原理如图7-7所示。

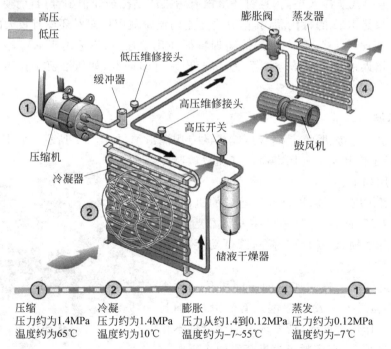

图7-6 带有膨胀阀的制冷循环系统工作原理图

制冷剂在完成制冷循环的过程中从车厢内不断吸热，并经车厢外的冷凝器散发到车外的空气中。当这种散热大于从外界传入车厢内的热量时，车厢内的温度逐渐下降。这就是汽车空调的制冷原理。

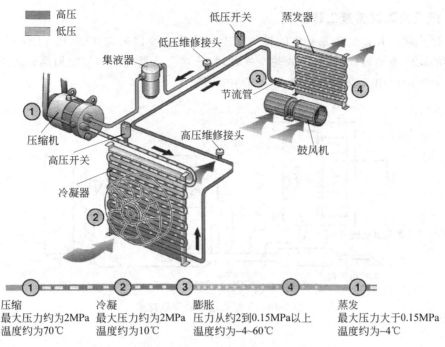

图 7-7 带有节流管的制冷循环系统工作原理图

7.1.7 取暖装置的工作原理

1. 水暖式取暖装置工作原理

从发动机缸体流出的高温冷却液,分流一部分进入热交换器。利用鼓风机强迫冷空气通过热交换器,空气被加热后送入车厢,用来取暖或进行风窗除霜,如图 7-8 所示。热交换器中冷却液进行热交换后又被发动机冷却液泵抽回发动机,完成一次循环。

部分汽车(如桑塔纳 2000 型汽车)在冷却液进入热交换器前的管路上设有暖水阀(见图 7-9),并由空调面板上的调节旋钮通过钢丝绳进行控制。控制该暖水阀的开、闭或开度大小以调节水量,从而实现车内温度的调节。

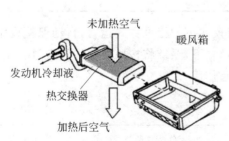

图 7-8 水暖式取暖装置工作原理图

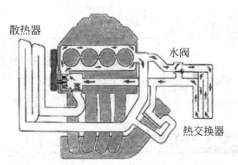

图 7-9 桑塔纳 2000 暖气冷却液循环图

2. 风暖式取暖装置工作原理

　　风暖式取暖装置是在发动机的排气管上安装热交换器来加热空气。工作时,将通往消声器的阀门关闭,汽车尾气进入热交换器,加热热交换器外的空气。加热后的空气由鼓风机吹入车厢内用于取暖和除霜,如图 7-10 所示。

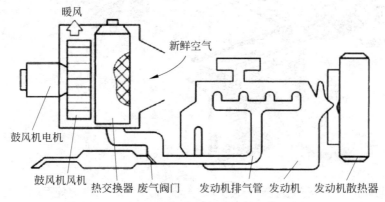

图 7-10　风暖式取暖装置示意图

7.2　空调系统的使用

学习目标

（1）能操作帕萨特领驭空调的自动运行模式（AUTO）；
（2）能调节帕萨特领驭空调的温度；
（3）能操作帕萨特领驭空调的鼓风机挡位；
（4）能操作帕萨特领驭空调的经济运行模式（ECON）；
（5）能操作帕萨特领驭空调的前风窗除雾；
（6）能操作帕萨特领驭空调的空气内循环运行模式；
（7）能调节帕萨特领驭空调的空气出风口。

7.2.1　概述

　　启动发动机以后,空调系统将按照自动运行模式下的标准方式运行,自动保持设定的车内温度。如果在熄火前空调处于非自动运行模式下,系统将按照之前的设定进行工作。制冷装置只在发动机和鼓风机运转的情况下才起作用。

7.2.2　按键使用说明

　　帕萨特领驭空调控制面板如图 7-11 所示,各按钮说明如下。
按钮 1：前挡风玻璃除雾。
按钮 2：空气内循环。

图 7-11　帕萨特领驭空调控制面板

按钮 3：降低鼓风机转速。
按钮 4：升高鼓风机转速。
按钮 5：气流吹向身体上部。
按钮 6：气流吹向脚部空间。
按钮 7：降温。
按钮 8：升温。
按钮 9：经济运行。
按钮 10：自动运行。

1. 自动运行模式（AUTO）的使用

采用自动运行模式时，空调系统会自动维持设定的温度、风量和空气流量分布。即使强烈阳光照射时，空调系统也能自动做出调节，无须再进行手动调节。因此，在多数情况下自动运行模式一年四季都能满足车辆乘员的舒适度要求。

按下 AUTO 按钮可打开空调自动运行模式。按下按钮 7 或 8 可设置车内理想温度，建议将温度设置为 22℃。仅在有特定的个人舒适度和环境要求时，才需改变温度设置。当鼓风机挡位或 ECON 按钮打开后，自动运行模式停止，但温度会继续得到控制。

2. 温度调节的使用

按下按钮 7 或 8 可以手动调节设定的温度。车内温度设置范围是 18～29℃。

3. 鼓风机挡位的使用

（1）按下按钮 3 或 4 可提高或降低鼓风机转速，以提高或降低空气流量。
（2）连续按下按钮 3，可以将空调系统关闭。此时指示区域出现 OFF 字样。

4. 经济运行模式（ECON）的使用

（1）当不用打开制冷设备也能达到希望的车内温度时，应该选经济运行模式。此模式下，制冷设备关闭，空调无除湿和制冷作用，但加热和通风系统仍将自动调节。
（2）经济运行模式下，车内温度不会低于环境温度。
（3）按下按钮 ◯、▨ 或 AUTO 按钮，经济运行模式被停止。

5. 前风窗除雾功能的使用

按下按钮 后：

（1）经济运行模式停止。

（2）空气内循环运行停止。

（3）前挡风玻璃和侧面玻璃除霜，并保持表面不凝水。

（4）对前挡风玻璃的除湿和除霜的作用会加强。

6. 空气内循环运行模式的使用

循环空气运行模式接通时，可以阻止不利的环境（如车辆通过隧道时或在灰尘环境中）气味进入车内。注意警告提示。

打开空气内循环运行模式：按下按钮 ，该按钮上的指示灯亮起。

关闭空气内循环运行模式：再次按下按钮 ，该按钮上的指示灯熄灭。

（1）车外温度很低时，空气内循环可以改善采暖功率。因为加热的是车内的空气，而不是车外的冷空气。

（2）车外温度很高时，空气内循环运行模式可以改善冷却功率。因为冷却的是车内的空气，而不是车外的热空气。

（3）出于安全考虑，如果气流吹向脚部空间，请勿打开空气内循环运行模式。

7. 空气出风口调节的使用

（1）拨动出风口下方的滚花小轮，可以左右调节出风口的气流方向。

（2）拨动出风口两侧的滚花小轮，可以上下调节出风口的气流方向。

空气出风口调节如图 7-12 所示。

图 7-12　空气出风口调节

7.3　技能实训：认识空调系统

1. 安全要求及注意事项

（1）不准赤脚或穿拖鞋、高跟鞋和裙子上课，留长发者要带工作帽。

（2）上课时要集中精神，不准说笑、打闹。

（3）进入汽车实训场地后，未经老师批准，不得动用实训车上的各项设备。

(4) 实训时，未经老师批准，不准进入车厢内，防止汽车意外起动造成重大事故。

(5) 严格按照空调操作规范进行操作。

(6) 在进行空调系统检修作业前，先戴上保护手套和护目镜。

(7) 实习结束，关闭发动机舱盖前，应注意观察其他同学的情况，防止放下发动机舱盖压到同学的手。

(8) 实习结束，整理清洁工具和场地。

(9) 保持汽车空调系统清洁、干燥，使用专用制冷剂、专用冷冻机油。

2. 对设备、工具、耗材的要求

(1) 设备：帕萨特领驭车辆或其他具有相同空调功能的车辆。

(2) 工具：十字起等常用工具。

(3) 耗材：实训报告用纸、笔。

3. 认识空调系统的部件

汽车空调系统一般由取暖装置、制冷装置、通风净化及电气控制装置四部分组成。如图 7-13 所示。其中制冷装置主要由空调压缩机、冷凝器、蒸发器、节流膨胀装置和储液干燥器（或液气分离器）等组成。

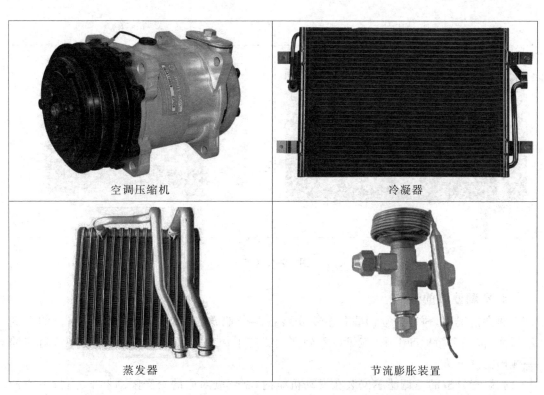

图 7-13　汽车空调部件认识

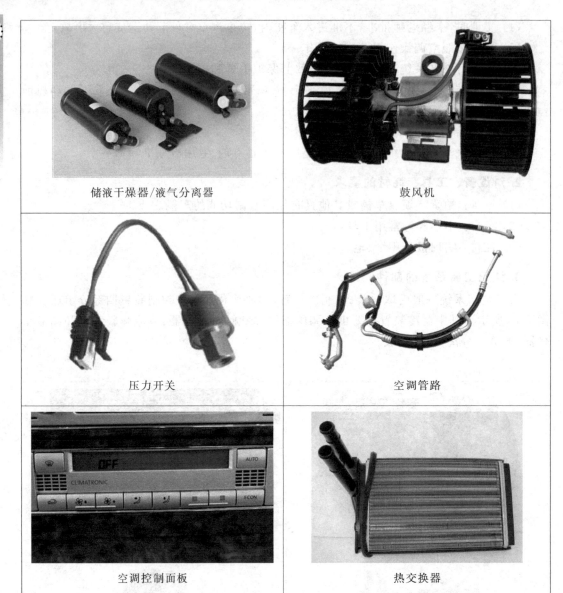

图 7-13（续）

4. 空调滤芯的认识

通常情况下，轿车的空调滤芯主要安装在两个地方：一是安装在副驾驶座位的手套箱后面，将手套箱拆卸下来，就可以看到空调滤芯了；二是在发动机舱内，副驾驶室对应的一侧雨刮器下方。

帕萨特领驭的空调滤芯安装在发动机舱内，副驾驶对应的一侧雨刮器下方，拆下空调滤芯保护壳上的一颗螺丝，如图 7-14 所示，就能见到帕萨特领驭的空调滤芯，如图 7-15 所示。

图 7-14 空调滤芯保护壳拆卸

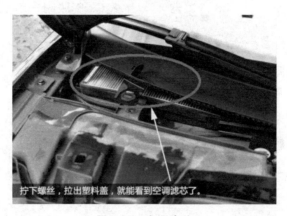

图 7-15 空调滤芯

练习与思考

1. 判断题（正确的打√，错误的打×）

（1）现在生产的新车，已经不准使用 R12 作为汽车空调制冷剂。（　　）

（2）由于节流短管流量调节能力小，所以节流短管系统只适用于车速变化不大、运行工况比较稳定的汽车空调系统，或与变排量压缩机配合使用，由变排量压缩机完成制冷量调节。（　　）

（3）如果储液干燥器的进出口有温差的话，可能是储液干燥器内的干燥剂失效了。（　　）

（4）如果制冷系统内有水分，将造成系统间歇制冷。（　　）

（5）高压开关位于高压管路的储液干燥器上，低压开关位于制冷系统的低压端。（　　）

2. 选择题

(1) 以下属于空调系统中储液干燥器作用的有（　　）。
　　A. 储液　　　　B. 干燥　　　　C. 过滤　　　　D. 节流
(2) 开空调时经常有水流下，空调水不可能来自（　　）。
　　A. 蒸发器　　　B. 冷凝器　　　C. 膨胀阀　　　D. 压缩机
(3) 空调器运行后，储液干燥器外壳有一层白霜，说明（　　）。
　　A. 制冷剂过量　B. 干燥器脏堵　C. 制冷剂泄漏　D. 干燥器老化
(4) 汽车空调的作用有（　　）。
　　A. 调节温度　　B. 美化环境　　C. 调节湿度　　D. 净化空气
(5) 汽车空调制冷装置的组成包括（　　）。
　　A. 压缩机　　　B. 冷凝器　　　C. 膨胀阀　　　D. 散热水箱

 3. 简答题

(1) 简述汽车空调的功能和特点。
(2) 简述汽车空调的组成和分类。
(3) 简述汽车空调制冷装置的工作原理。

 4. 知识拓展题

描述汽车空调滤芯的更换方法。

作业单 7-1　认识空调制冷系统

姓名：_____　　班级：_____　　日期：_____

1. 请写出作业图 7-1 中各数字代表的部件名称及作用。

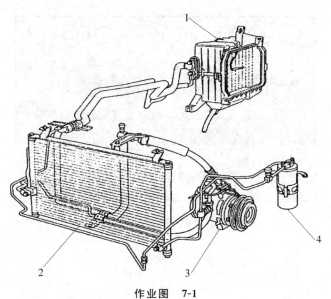

作业图　7-1

部件 1：名称_____，作用_____。
部件 2：名称_____，作用_____。
部件 3：名称_____，作用_____。
部件 4：名称_____，作用_____。

2. 写出如作业图 7-1 所示的制冷系统的工作原理。

汽车认识与使用

作业单 7-2 认识空调的控制面板

姓名：_____ 班级：_____ 日期：_____

1. 请写出作业图 7-2 中各数字对应的按键的功用。

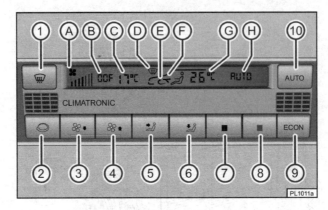

作业图 7-2

1：_____ 2：_____ 3：_____
4：_____ 5：_____ 6：_____
7：_____ 8：_____ 9：_____
10：_____

2. 请写出作业图 7-2 中各字母所指示的内容。

A：_____ B：_____ C：_____
D：_____ E：_____ F：_____
G：_____ H：_____

模块 8

仪表与灯光的认识与使用

◎ 学习目标

1. 知识目标
（1）能说出组合仪表的功能和组成；
（2）能说出组合仪表的名称和作用；
（3）能说出汽车灯光的功能和分类；
（4）能描述汽车上的灯光系统。

2. 能力目标
（1）认识组合仪表上指示灯和警告灯；
（2）能根据仪表上的信息判断汽车上各系统的工作状态；
（3）能操作汽车上的灯光开关。

◎ 案例导入

一辆帕萨特领驭在行驶过程中，仪表上的 ![机油] 指示灯闪烁，并伴有警告声。驾驶者不明白此指示灯闪烁的原因，也不知道此时该如何处理，随即打电话向上海大众汽车经销商寻求专业的帮助。

◎ 服务方案

（1）让客户在确保安全的前提下选择合适地点停车，并关闭发动机；
（2）听取客户对于此故障现象的描述；
（3）让客户检查发动机机油液位，确认机油量；
（4）让客户打开报警灯装置开关，等待维修人员的救援。

拓 扑 图

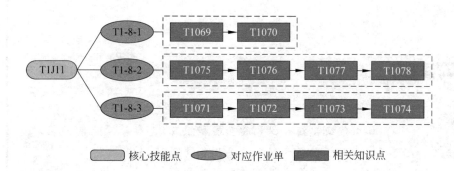

核心技能点

T1J11　认识与使用组合仪表

对应作业单

T1-8-1　认识仪表　　　　　　　　　T1-8-2　认识仪表警告灯和指示灯
T1-8-3　认识与使用灯光

相关知识点

T1069　组合仪表的功能　　　　　　　T1070　组合仪表的组成
T1071　灯光的功能　　　　　　　　　T1072　灯光的分类
T1073　灯光开关的认识与使用　　　　T1074　雾灯的认识与使用
T1075　转向信号灯的认识与使用　　　T1076　危险警报灯的作用与使用
T1077　制动灯和倒车灯的认识与使用　T1078　车内照明灯的类别与使用

模块8 仪表与灯光的认识与使用

8.1 组合仪表的认识与使用

学习目标
(1) 能说出组合仪表的功能和组成;
(2) 认识组合仪表;
(3) 了解组合仪表上指示灯和警告灯的含义。

8.1.1 组合仪表的功能

组合仪表是反映车辆各个系统工作状况的装置。为了使驾驶员能随时观察与掌握汽车各系统的工作状态,在驾驶室组合仪表板上设有各种指示仪表。随着汽车排放、节能、安全和舒适性等使用性能不断提高,使得汽车电子控制装置的应用程度也越来越高。汽车电子控制装置不仅能够迅速地、准确地处理各种信息,而且通过电子仪表显示出来,使驾驶员能及时了解汽车的运行状态并妥善处理各种情况。

8.1.2 组合仪表的组成

目前,传统的机械仪表已经被现代电子组合仪表所取代。帕萨特领驭汽车的组合仪表主要由发动机转速表、车速表、车辆信息显示器、冷却液温度表、燃油存量表、仪表指示灯等组成。组合仪表的指示灯分显示功能类指示灯、提醒功能类指示灯、警告功能类指示灯3种,警告功能类指示灯亮时应引起高度重视,立即停车检修。帕萨特领驭的多功能组合仪表如图8-1所示。

图8-1 帕萨特领驭的多功能组合仪表

1. 发动机转速表

发动机转速表显示的是发动机每分钟的转速,如图8-2所示。为防止损坏发动机,不可以使发动机转速过高,应避免转速表指针运转到刻度盘的红色范围内。

在转速表上集成了数字时钟,如图8-3所示,方便驾驶者查看时间。

图8-2 发动机转速表

图8-3 数字时钟(方框内)

2. 车速表

车速表以 km/h 为单位显示汽车速度,如图 8-4 所示。在车速表内集成了里程表,如图 8-4 中的方框所示。里程表是记录车辆行驶里程的仪表,多整合在车速表内。它对于车主判断车辆的整体状态有着重要的参考作用。里程表上排的计数器记录了总的行驶里程,里程表下排的计数器记录了短程距离。

3. 车辆信息显示器

车辆信息显示器如图 8-5 所示,可以提供大量车辆信息和数据:上层显示车辆行驶信息,中间显示外部环境温度,下层显示自动变速器挡位。

注意:由于车辆型号不同,车辆信息显示器中显示的内容也不尽相同。

图8-4 车速表和里程表(方框内)

图8-5 车辆信息显示器

4. 冷却液温度表和燃油存量表

在图 8-6 中,左边的仪表是冷却液温度表。冷却液温度表在点火开关打开的状态下工作,为避免损坏发动机,应注意关于工作温度范围的说明。

(1)如果冷却液温度表的指针处于刻度盘的左侧区域,则意味着发动机还没有达到最佳工作温度。这时应避免发动机转速过高或负荷过大。

(2)正常工作状况下,冷却液温度表的指针应指向刻度盘的中间区域。如果发动机大负荷运转且环境温度很高时,指针可能向右偏转,但只要冷却液温度警告灯不亮,组合仪表中未显示提示您做某些操作的信息提示,就仍可继续行驶。

在图 8-6 中,右边的仪表是燃油存量表,用于显示燃油箱中的燃油存量。燃油存量表在点火开关接通的状态下工作。如果燃油存量表的指针到达红色备用区域,警示灯亮起,并伴有警告声时,表明剩余燃油不足 7L,则需及时加注燃油。

5. 安全气囊系统指示灯

点火开关打开后,安全气囊系统指示灯将会亮几秒钟,如图 8-7 所示。如果该指示灯在点火开关打开后不亮,或者亮起后不熄灭,或在行驶过程中亮起或闪烁,则说明安全气囊系统存在故障,应该立即到汽车维修企业进行检修。

图 8-6　冷却液温度表和燃油存量表

图 8-7　安全气囊系统指示灯

6. 发动机控制装置指示灯

打开点火开关时,发动机控制装置指示灯 EPC 会亮起,如图 8-8 所示。如果起动发动机后,该指示灯不熄灭,或者在行驶过程中亮起,则表明发动机控制装置中存在故障,应将车辆小心地驾驶至最近的汽车维修企业进行检修。

7. 尾气排放控制系统指示灯

打开点火开关时,尾气排放控制系统指示灯会亮起,如图 8-9 所示。起动发动机后,该指示灯必须熄灭。如果起动发动机后该指示灯不熄灭,或在行驶过程中亮起或闪烁,则说明排放控制系统中可能存在不稳定运行或尾气质量超标的情况。此时,车辆仍能够正常行驶,但应该尽早到就近的汽车维修企业进行检测和排除隐患。因为继续长时间行驶将可能导致与尾气排放控制相关的零部件进一步损坏,并使尾气排放恶化。

图 8-8　EPC 指示灯　　　　　图 8-9　尾气排放控制系统指示灯

8. ESP 电子稳定程序指示灯

打开点火开关后,电子稳定程序指示灯(ESP)会亮几秒钟,如图 8-10 所示。电子稳定系统工作时,该指示灯会闪烁。如果 ESP 被关闭或系统出现故障,该指示灯会持续亮起。由于 ESP 系统与 ABS 是配合工作的,所以如果 ABS 系统出现故障,ESP 指示灯也会亮起。

如果起动发动机后,指示灯立即亮起,说明 ESP 系统出于技术原因被关闭了。在这种情况下,可以通过关闭再打开点火开关,重新启动 ESP 系统。如果指示灯熄灭,说明 ESP 系统可以正常工作了。

9. ABS 制动防抱死系统指示灯

制动防抱死系统指示灯(ABS)在打开点火开关或起动发动机时会亮起几秒钟,如图 8-11 所示。控制系统自检结束后,指示灯会熄灭。如果在打开点火开关时 ABS 指示灯没亮起,或者灯亮起后不熄灭,或者在行驶过程中亮起,说明 ABS 系统工作不正常。此时,该车仍具有常规制动功能,但不具备 ABS 制动功能,所以应尽快到汽车维修企业维修 ABS 控制系统。

图 8-10　ESP 电子稳定程序指示灯

图 8-11　ABS 制动防抱死系统指示灯

10. 电子防盗装置指示灯

打开点火开关后,车辆会对汽车钥匙数据进行验证。验证时,电子防盗装置指示灯将亮起几秒钟,如图 8-12 所示。如果使用未授权的钥匙,指示灯将继续亮起,此时发动机无法起动。只有使用经正确编码的上海大众原装钥匙才能起动发动机。

图 8-12　电子防盗装置指示灯

11. 制动系统警告灯

制动系统警告灯在打开点火开关且拉起手制动器时亮起,如图 8-13 所示。手动制动器放下后,指示灯熄灭。如果制动液面过低,该警告灯将亮起,提醒驾驶者尽快至汽车维修站检修。

12. 充电警告灯

充电警告灯会在打开点火开关后亮起,如图 8-14 所示,起动发动机后熄灭。如果该灯在行驶过程中亮起,则说明蓄电池或发电机出现故障,应立即前往汽车维修企业进行检修。由于此时车载蓄电池始终处在一个持续放电的过程,为了节省电量应关闭所有不必要的用电设备。

图 8-13　制动系统警告灯

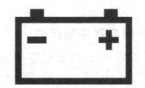

图 8-14　充电警告灯

13. 制动片磨损指示警告灯

如果制动片磨损指示警告灯亮起或闪烁,如图 8-15 所示,应立即到汽车维修企业检查制动摩擦片。

14. 冷却液温度液位警告灯

打开点火开关时,冷却液温度液位警告灯会亮几秒钟并进行功能检查,如图 8-16 所示。在行驶中如果这个警告灯常亮或闪烁,并伴随有警告声响起,可能是冷却液温度过高或冷却液液面过低。

图 8-15　制动片磨损指示警告灯

图 8-16　冷却液温度液位警告灯

冷却液液面过低的原因是长期未补充冷却液,或冷却系统水管等有故障造成冷却液泄漏。冷却液温度过高的原因可能是散热器风扇不工作或不正常,或冷却液少等。此时必须停车!立即关闭发动机,检查冷却液液面,必要时补充冷却液。此时发动机温度高,补充冷却液必须注意安全,按紧急处理规范操作,防止被高温冷却液烫伤!如果无法获得合适的冷却液,或散热器风扇不工作,绝不可以继续行驶,应关闭发动机并寻求汽车维修企业的帮助。

15. 机油压力指示灯

打开点火开关时,机油压力警告灯会亮起几秒钟,如图 8-17 所示。如果警告灯不熄灭或在行驶过程中闪烁,并伴有警告声响起,应立即停车并关闭发动机,检查机油液位,并在必要时加注发动机机油。

16. 车门/行李厢盖未关闭警告灯

当该警告灯亮起时,表示车门/行李厢盖处于未关闭状态,如图 8-18 所示。如果在行驶过程中该指示灯亮起,必须停车检查车门/行李厢盖是否关好。

图 8-17　机油压力指示灯

图 8-18　车门/行李厢盖未关闭警告灯

17. 洗涤液液面高度指示灯

如果挡风玻璃洗涤液容器中液面高度过低,则洗涤液液面高度指示灯亮起,如图 8-19

所示,提醒驾驶者及时补充洗涤液。

18. 燃油存量指示灯

当燃油存量不足 7L 时,燃油存量指示灯会亮起,提示驾驶者应该加油了,如图 8-20 所示。装备有车辆信息显示器的车辆将显示:请加油。

图 8-19　洗涤液液面高度指示灯

图 8-20　燃油存量指示灯

19. 安全带未系指示灯

若未系安全带,打开点火开关后,安全带警告灯亮起,如图 8-21 所示。直至安全带被正确佩戴好后,该灯熄灭。当在未系安全带状态下,车辆时速超过 25km/h 时,会发出警告声,提醒驾驶者系好安全带。

20. 灯光开启指示灯

打开灯光开关,灯光开启指示灯会亮起,如图 8-22 所示。

图 8-21　安全带未系指示灯

图 8-22　灯光开启指示灯

21. 定速巡航装置指示灯

帕萨特领驭部分车型配置有定速巡航装置,按下定速巡航控制开关,定速巡航控装置工作,定速巡航指示灯亮起,如图 8-23 所示。

22. 制动踏板指示灯（自动挡车辆）

对于装备了自动变速器的车型,发动机转速表的上部有一个制动踏板指示灯,如图 8-24 所示。该灯亮起有 3 个条件:①没有踩制动踏板;②车速在 3km/h 以下;③自动变速器换挡杆处在驻车挡(P 挡)或空挡(N 挡)。此时提示踩下制动踏板,可以把换挡杆从 P 或 N 挡换入前进或倒挡挡位。

23. 后雾灯指示灯

开启后雾灯开关,后雾灯指示灯亮起,如图 8-25 所示。

图 8-23　定速巡航装置指示灯

图 8-24　制动踏板指示灯

24. 轮胎气压监测系统指示灯

在轮胎气压监测系统工作的条件下，打开点火开关，该指示灯将亮几秒钟，如图 8-26 所示，完成自检后熄灭。如果指示灯常亮或闪烁，说明轮胎压力异常或存在系统故障，需停车并检查轮胎压力，按规定胎压值为轮胎充气。

图 8-25　后雾灯指示灯

图 8-26　轮胎气压监测系统指示灯

25. 远光指示灯

远光指示灯在开启远光灯或切换到变光时亮起，如图 8-27 所示。

26. 转向信号指示灯

打开转向开关，左侧（或右侧）的转向指示灯会闪烁，如图 8-28 所示。如果某个转向灯出现故障，指示灯的闪烁频率会加快到正常状态的两倍左右。按下危险警报灯装置开关，两侧转向指示灯同时闪烁。

图 8-27　远光指示灯

图 8-28　转向信号指示灯

8.2　灯光的认识与使用

学习目标

（1）理解汽车灯光的功能和分类；
（2）能认识汽车上的灯光系统；
（3）能正确操纵汽车灯光。

8.2.1 灯光的功能

为了保证汽车行驶的安全性,减少交通事故的发生,汽车上都装有灯光系统。

目前,通常将汽车后部的示宽灯、后转向灯、制动灯、倒车灯等组合起来称为组合后灯,而将汽车前部的前照灯、示宽灯、前转向灯等组合在一起称为组合前灯。如图8-29所示。

图 8-29 汽车灯系实物图

（1）前照灯装在汽车头部的两侧,用来照亮车前的道路。

（2）雾灯在有雾、下雪、暴雨或尘埃弥漫等情况下,用来改善道路的照明情况。安装位置比前照灯稍低,一般离地面约50cm左右,射出的光线倾斜度大,光色为黄色或橙色（黄色光波较长,透雾性能好）。

（3）示宽灯装在汽车前部两侧的边缘,用于在汽车夜间行驶时标示汽车的宽度。

（4）转向信号灯会在汽车转弯时发出明暗交替的闪光信号,以表明汽车向左或向右转向行驶。它有前、后、侧转向信号灯之分。一般为橙色。

（5）制动灯用于在踏下制动踏板时发出较强的红光,以示制动。

（6）倒车灯用于照亮车后路面,并警告车后的车辆和行人,表示该车正在倒车。

（7）牌照灯用于照亮汽车牌照。

（8）停车灯用于在夜间停车时标明汽车的存在。

（9）仪表灯装在仪表板上,用于照明仪表。

（10）顶灯装在车厢或驾驶室内顶部,作为内部照明之用。

（11）其他辅助用灯。为了便于夜间检修,设有工作灯,经插座与电源相接。有的在发动机罩下面还装有发动机罩下灯,其功用与工作灯相同。

8.2.2 灯光的分类、认识与使用

汽车灯系统按其安装位置和用途不同,可分为外部照明装置、内部照明装置和汽车灯光信号装置。

外部照明装置主要包括远光、近光、雾灯等。内部照明装置一般包括顶灯和阅读灯等。汽车信号装置主要包括转向信号灯、危险警告灯、制动灯、倒车灯、示宽灯等。

1. 灯光开关的认识与使用

（1）拨动灯光开关，将灯光开关转到停车灯的位置（见图 8-30），停车灯如图 8-31 所示。

图 8-30　拨动灯光开关至停车位置

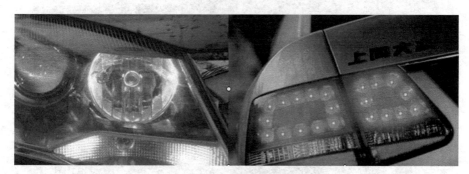

图 8-31　停车灯

（2）将灯光开关转到近光灯的位置，近光灯亮起，如图 8-32 所示。

图 8-32　近光灯

（3）帕萨特领驭的部分车型配置了背景灯亮度调节旋钮，转动该旋钮可以调节仪表背景灯及内饰开关的照明亮度，如图 8-33 所示。

（4）在近光灯接通的情况下，将拨杆向外方向向前压，可以开启远光灯；将拨杆向内方向拉回原位，可以关闭远光灯，如图 8-34 所示。

（5）将拨杆沿向内方向往后拉，开启变光功能，远光灯及组合仪表中的指示灯亮起，如图 8-35 所示。

图 8-33　调节仪表背景灯

图 8-34　远光灯

图 8-35　变光

2. 雾灯的认识与使用

雾灯分为前雾灯和后雾灯两种。前雾灯装于汽车前部，比前大灯稍低的位置，用于在雨雾天气行车时道路的照明。

为保证雾天高速行驶的汽车向后方车辆或行人提供本车位置信息，交通管理部门规定，运行车辆应在车辆后部加装功率较大的后雾灯，以降低交通事故发生率。雾灯的光色规定为光波较长的黄色、橙色或红色。

（1）前雾灯。将灯光开关转到示宽灯或近光灯/远光灯位置并向外拉一挡，灯光开关上亮起绿色前雾灯指示灯，开启前雾灯，如图 8-36 所示。

(2) 后雾灯。将变光开关转到示宽灯或近光灯/远光灯位置并向外拉2挡,仪表后雾灯指示灯亮起,后雾灯开启,如图8-37所示。

图8-36 前雾灯

图8-37 后雾灯

3. 转向信号灯

为指示车辆的行驶方向,汽车上都装有转向信号灯,用于在汽车转弯时发出明暗交替的闪光信号,使前后车辆、行人、交警知其行驶方向。转向信号灯一般应具有一定的频闪。转向信号灯装置在点火开关打开的状态下工作。转向信号灯通过拨杆打开与关闭。拨杆如图8-38所示。

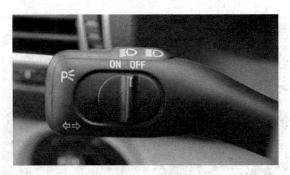

图8-38 拨杆

(1) 将拨杆沿垂直方向向下压至触点,左转向信号灯亮起,同时组合仪表中对应的指示灯闪烁,如图8-39所示。

（2）将拨杆沿垂直方向向上推至触点，右转向信号灯亮起，同时组合仪表中对应的指示灯闪烁，如图8-40所示。

图8-39　左转向

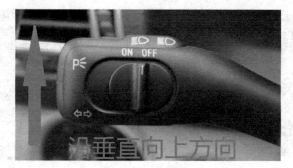

图8-40　右转向

4. 危险警报灯

危险警报灯用于在紧急情况下引起其他道路使用者对驾驶者的汽车的注意，避免引发事故。此设备在点火开关关闭状态下也可以工作。

按下危险警报灯装置开关，危险警报灯装置接通，车辆上的转向信号灯同时闪亮。同样的，组合仪表中的转向信号指示灯也同时亮起，如图8-41所示。

图8-41　危险警报灯开关

5. 制动灯和倒车灯

踩下制动踏板,如图 8-42 所示,制动灯亮起。将车辆挡位挂入倒车挡,如图 8-43 所示,倒车灯亮起。

图 8-42　踩下制动踏板

图 8-43　挂入倒车挡

6. 车内照明

(1) 前座阅读灯

按下两侧阅读灯按钮,可以开启左侧/右侧阅读灯。再按下按钮,关闭阅读灯,如图 8-44 所示。

(2) 前座车内顶灯

如图 8-45 所示,按下前座车内顶灯开关,车内顶灯常亮。

图 8-44　阅读灯按钮

图 8-45　前座车内顶灯按钮

(3) 后座车内顶灯

① 如图 8-46 所示,开关转至此位置时,开启后座左侧车内顶灯。

② 如图 8-47 所示,开关转至此位置时,开启车内顶灯。

③ 如图 8-48 所示,开关转至此位置时,开启后座右侧车内顶灯。

④ 如图 8-49 所示,开关转到此位置时,车内顶灯在车辆解锁、拔出点火钥匙的情况下亮起,延时约 30s 后自动熄灭。此外,打开车门后,车内顶灯也会亮起,关闭车门后约 30s 熄灭。当车辆闭锁或打开点火开关后,车内顶灯熄灭。

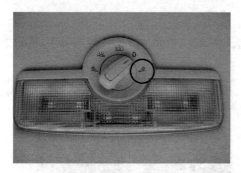
图 8-46　后座左侧车内顶灯开启位置

图 8-47　后座车内顶灯开启位置

图 8-48　后座右侧车内顶灯开启位置

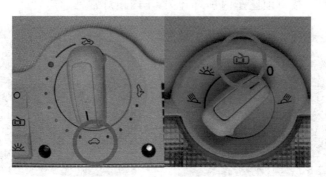
图 8-49　车内顶灯延时位置

8.3　技能实训：认识与使用组合仪表

1. 安全要求及注意事项

（1）不准赤脚或穿拖鞋、高跟鞋和裙子上课，留长发者要带工作帽。

（2）上课时要集中精神，不准说笑、打闹。

（3）进入汽车实训场地后，未经老师批准，不得动用实训车上的各项设备。

（4）实训时，未经老师批准，不准进入车厢内，防止汽车意外起动造成重大事故。

（5）发动机运行时，严禁将手伸入发动机舱内。

(6)实习结束,关闭发动机舱盖前,应注意观察其他同学的情况,防止放下发动机舱盖压到同学的手。

(7)实习结束,整理清洁工具和场地。

2. 对设备、工具、耗材的要求

(1)设备:帕萨特领驭车辆。

(2)耗材:实训报告用纸、笔。

3. 组合仪表时钟的调整

在帕萨特领驭的转速表上集成了数字时钟,如图 8-50 方框内所示,方便驾驶者查看时间显示。

数字时钟的调整方法:逆时针旋转转速表右侧的复位旋钮,可以调整小时,如图 8-51 所示。顺时针旋转复位旋钮,可以调整分钟,如图 8-52 所示。

图 8-50　数字时钟

图 8-51　调整小时

4. 里程表归零

在帕萨特领驭的车速表上集成了里程表,里程表上排的计数器记录了总的行驶里程,里程表下排的计数器记录了短程距离。按下时速表左侧的复位旋钮并保持,里程表下排的短程距离计数器归零,如图 8-53 所示。

图 8-52　调整分钟

图 8-53　复位旋钮

练习与思考

1. 判断题（正确的打√，错误的打×）

(1) 机油压力传感器一般装在发动机主油道上。（　）
(2) 机油压力系统中，机油压力越大，系统电流越大。（　）
(3) 冷却液温度传感器一般装在发动机气缸盖上。（　）
(4) 一般转向灯的颜色都是黄色的。（　）
(5) 汽车信号系统主要包括转向信号灯、危险警告灯、制动灯、雾灯、小灯等。（　）
(6) 转向后，回转转向盘，转向盘控制装置可自动使转向灯开关回位，转向灯熄灭。
（　）

2. 选择题

(1) 下面属于仪表上的报警装置的是（　）。
　　A. 充电指示灯　　　　　　　　B. 发动机故障指示灯
　　C. 远光指示灯　　　　　　　　D. 机油压力指示灯
(2) 冷却液温度传感器是（　）的电阻。
　　A. 负温度系数式　　　　　　　B. 正温度系数式
　　C. 滑变电阻式　　　　　　　　D. 热敏式
(3) 如果车辆行驶时某系统出现故障，则仪表板上相关警报灯（　）。
　　A. 闪烁　　B. 熄灭　　C. 先亮起后熄灭　　D. 常亮
(4) （　）属于信号灯。
　　A. 牌照灯　　B. 示宽灯　　C. 前雾灯　　D. 转向灯
(5) 转向灯的正常闪光频率应该是每分钟（　）次。
　　A. 60～95　　B. 90～110　　C. 65～120　　D. 120～150

3. 简答题

(1) 汽车上有哪些仪表？各有什么作用？
(2) 汽车上有哪些报警指示灯系统？各有什么作用？
(3) 前照灯由哪几部分组成？各组成部分的作用是什么？

4. 知识拓展题

(1) 在夜间行车两车相会时，灯光应该如何使用？
(2) 如何切换仪表上车辆信息显示器中的内容？

作业单 8-1　认识仪表

姓名：_____　　班级：_____　　日期：_____

请根据作业图 8-1 填写下列数字对应的名称。

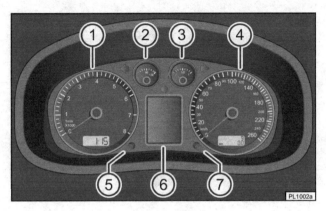

作业图　8-1

1：_____
2：_____
3：_____
4：_____
5：_____
6：_____
7：_____

作业单 8-2　认识仪表警告灯和指示灯

姓名：_____　　班级：_____　　日期：_____

请根据作业图 8-2 填写下列数字对应的名称。

作业图　8-2

1：_____　　　　　　　　12：_____
2：_____　　　　　　　　13：_____
3：_____　　　　　　　　14：_____
4：_____　　　　　　　　15：_____
5：_____　　　　　　　　16：_____
6：_____　　　　　　　　17：_____
7：_____　　　　　　　　18：_____
8：_____　　　　　　　　19：_____
9：_____　　　　　　　　20：_____
10：_____　　　　　　　21：_____
11：_____　　　　　　　22：_____

模块 8 仪表与灯光的认识与使用

215

 作业单 8-3 认识与使用灯光

姓名：_____ 班级：_____ 日期：_____

1. 请根据作业图 8-3 用文字描述开启左转向灯/右转向灯的步骤。
_____

2. 请根据作业图 8-3 用文字描述开启/关闭远光灯的步骤。
_____

3. 请根据作业图 8-3 用文字描述开启/关闭变光功能的步骤。
_____

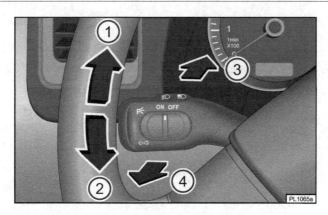

作业图 8-3

模块 9

车身电气附属设备的认识与使用

◎ 学习目标

1. 知识目标
（1）能描述汽车的风窗刮水及洗涤装置的功能；
（2）能描述汽车的电动车窗及天窗的功能；
（3）能描述汽车的电动后视镜的功能；
（4）能描述汽车的中控门锁及防盗的功能；
（5）能描述汽车的电动座椅的功能。

2. 能力目标
（1）能操作使用汽车风窗刮水及洗涤装置；
（2）能操作使用汽车电动车窗及天窗；
（3）能操作使用汽车电动后视镜；
（4）能操作使用汽车中控门锁及防盗；
（5）能操作使用汽车电动座椅。

◎ 案例导入

王先生准备购入一辆帕萨特领驭轿车。在试乘试驾过程中，对用于操作车外后视镜的 、 图案代表的功能及操作方法不熟悉，向销售人员询问该功能的使用方法。

◎ 服务方案

（1）向王先生讲解帕萨特领驭的后视镜的特色功能：外后视镜加热和外后视镜翻折；

（2）向王先生演示电动后视镜加热功能的操作方法：点火开关接通后，将旋钮转到位置  时，可加热外后视镜，消除雨滴和水汽；

（3）向王先生演示电动后视镜翻折功能的操作方法：点火开关接通后，将旋钮转到  时，外后视镜向内翻折。

拓 扑 图

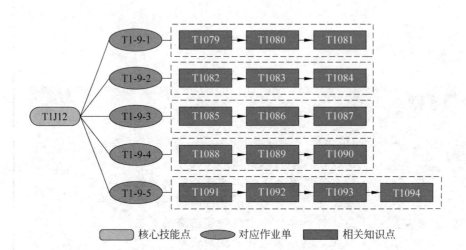

核心技能点

T1J12　使用车身电气附属设备

对应作业单

T1-9-1　使用风窗刮水及洗涤装置　　T1-9-2　使用电动车窗及天窗
T1-9-3　使用电动后视镜　　　　　　T1-9-4　使用中控门锁及防盗系统
T1-9-5　使用电动座椅

相关知识点

T1079　风窗刮水及洗涤装置的功能　　T1080　风窗刮水及洗涤装置的组成
T1081　风窗刮水及洗涤装置的实物部件　T1082　电动车窗及天窗的功能
T1083　电动车窗及天窗的组成　　　　T1084　电动车窗及天窗的实物部件
T1085　电动后视镜的功能　　　　　　T1086　电动后视镜的组成
T1087　电动后视镜的实物部件　　　　T1088　中控门锁及防盗系统的功能
T1089　中控门锁及防盗系统的组成　　T1090　中控门锁及防盗系统的实物部件
T1091　电动座椅的功能　　　　　　　T1092　电动座椅的分类
T1093　电动座椅的组成　　　　　　　T1094　电动座椅的实物部件

9.1 风窗刮水及洗涤装置的认识

学习目标

(1) 知道汽车风窗刮水及洗涤装置的功能；
(2) 知道汽车风窗刮水及洗涤装置的组成；
(3) 认识汽车风窗刮水及洗涤装置的实物部件。

9.1.1 风窗刮水及洗涤装置的功能

汽车风窗刮水器和洗涤器是刮刷风窗玻璃外表面上雨水、霜雪和尘埃物质的重要安全装置。性能优异的刮水器能够增加司机对外界的能见度，特别是随着车速增加、车厢封闭、风挡玻璃大型化、曲面化的趋势，对视野清晰度的要求更加迫切。汽车上装备风窗刮水器和洗涤器主要为了实现前风窗玻璃刮水、后风窗玻璃刮水、前照灯清洗、风窗玻璃清洗等功能。

9.1.2 风窗刮水及洗涤装置的组成

普通电动刮水器系统主要由操纵开关(拨杆)、刮水传动机构、刮水电机、刮水片等部分组成。自动刮水系统还装有雨量传感器、控制单元等。

风窗刮水器拨杆用于控制风窗玻璃清洗和刮水系统。可以实现雨刮器的间歇刮水功能、慢速刮水功能、快速刮水功能、点动刮水功能、自动刮水/洗涤功能和大灯洗涤功能。操纵开关总成一般安装于转向柱上。

9.1.3 风窗刮水及洗涤装置的实物部件

帕萨特领驭风窗刮水及洗涤装置的实物部件如图9-1～图9-8所示。

图9-1 风窗刮水器拨杆

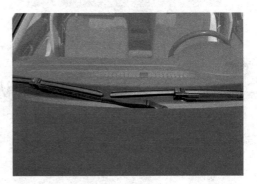

图9-2 刮水片

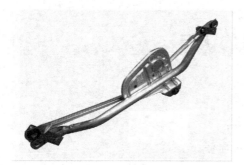

图 9-3　刮水传动机构

图 9-4　刮水电机

图 9-5　洗涤液罐

图 9-6　大灯洗涤装置

图 9-7　雨量传感器

图 9-8　风窗洗涤

9.2　电动车窗及天窗的认识

学习目标

(1) 知道汽车电动车窗及天窗的功能；
(2) 知道汽车电动车窗及天窗的组成；
(3) 认识汽车电动车窗及天窗的实物部件。

9.2.1　电动车窗及天窗的功能

为了提高驾乘舒适性,大多数现代汽车都配备了电动车窗控制。驾驶员可利用驾驶员车门扶手上的主控制开关来控制各车窗玻璃的升降,其他各车门扶手上通常也设置分动开关,分别控制各车门窗的升降。电动车窗控制不仅方便驾驶员及乘客的操作,又能使驾驶员更加集中精力驾车,提高驾驶的安全性。驾驶员操作时,可以使四个车窗中的任意一个上升或下降,而乘员操作只能使所在的车窗上升或下降。

为了使浑浊的空气迅速地被排出车外,同时又能使新鲜的空气流入车厢,提升汽车内部环境的舒适性,有些汽车顶部安装了电动天窗系统。电动天窗系统不仅可以辅助调节温度,而且可以使车厢内光线明亮,亲近自然。

9.2.2　电动车窗及天窗的组成

电动车窗系统由车窗、车窗升降器、电动机、控制开关、车窗控制继电器等组成。电动天窗系统一般由玻璃窗及密封橡胶条、驱动机构、开关和天窗模块等组成。

9.2.3　电动车窗及天窗的实物部件

帕萨特领驭电动车窗及天窗的实物部件如图 9-9～图 9-15 所示。

图 9-9　电动车窗主控制开关

图 9-10　车窗电动机

图 9-11　乘客侧车窗控制开关

图 9-12　左前车窗

图 9-13 天窗开关

图 9-14 天窗电动机

图 9-15 天窗

9.3 电动后视镜的认识

学习目标

（1）知道汽车后视镜的功能；
（2）知道汽车后视镜的组成；
（3）认识汽车后视镜的实物部件。

9.3.1 电动后视镜的功能

汽车后视镜通常分为车外和车内两种。对于车外后视镜，汽车左右两侧都有，其功用主要是让驾驶员观察汽车后侧的行人、车辆和其他障碍物的情况，确保行车或倒车安全。车内后视镜主要供驾驶员观察和注视车内乘员、物品及车后路面的情况。当车辆夜间行驶时，车内后视镜还具有防止后随车辆前照灯光线所引起的眩目功能。

9.3.2 电动后视镜的组成

1. 车外后视镜

车外电动后视镜一般由镜片、驱动电动机、控制电路及控制开关组成。在每个电动后视镜的背后装两个可逆电动机和驱动机构，可上下及左右转动调整后视镜。上下方向的转动由一个电动机控制,左右方向的转动由另一个电动机控制。通过改变电动机的电流方向,即可完成后视镜的位置调整,但一个后视镜的两个电动机不能同时运行。后视镜控制开关位于主驾驶室门把手附近。

为了使车能够获得最大的驻车间隙,通过尽可能狭小的路段,有的电动后视镜还带有伸缩功能,由伸缩开关控制伸缩电动机工作,使两个后视镜整体回转伸出或缩回。除此之外有些后视镜还带有加热功能,当点火开关接通并且后视镜加热器打开时,后视镜被加热。可以使后视镜在寒冷的季节不结霜,不起雾,保持良好的后视线,从而提高行车安全性。

2. 车内后视镜

自动防眩目后视镜一般安装在车厢内,是由一面特殊镜子和两个光敏二极管组成。当强光照在后视镜上时,镜上的光敏二极管把光信号传给 ECU,经过信号处理,控制电路使镜面变色以吸收强光,削弱强光的反射,避免反射的强光照在驾驶员的眼睛上,防止产生炫目。

9.3.3　电动后视镜的实物部件

帕萨特领驭电动后视镜的实物部件如图 9-16～图 9-19 所示。

图 9-16　车外后视镜开关

图 9-17　车外后视镜

图 9-18　车内后视镜

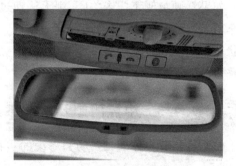
图 9-19　车内防眩目后视镜

9.4　中控门锁及防盗系统的认识

学习目标

（1）知道汽车中控门锁及防盗系统的功能；
（2）知道汽车中控门锁及防盗系统的组成；
（3）认识汽车中控门锁及防盗系统的实物部件。

9.4.1　中控门锁及防盗系统的功能

为了提高汽车使用的便利性和安全性，现代汽车一般配备了中央控制门锁系统，简称中控门锁。汽车中控门锁可实现的功能包括：

（1）按下驾驶员车门锁杆时，所有车门及行李舱门自动锁定。
（2）拉起车门锁杆时，所有车门及行李舱门都能同时打开。
（3）如使用遥控器或钥匙锁门、开门，也可实现门锁控制。
（4）如需从车内打开个别车门时，可分别操作各自的锁扣实现开锁。
（5）中控门锁配合车辆防盗系统，还可实现防盗报警功能。

9.4.2　中控门锁及防盗系统的组成

中控门锁主要由门锁、门锁按钮、门锁控制开关、控制执行元件、联动机构、门锁继电器等组成。驾驶员可以通过中控门锁集中开闭汽车的前左、后左、前右、后右及行李箱等 5 个门锁。

中控门锁系统可使所有的车门和行李厢盖同时解锁或闭锁。中控门锁系统可以通过从车门侧使用车钥匙、驾驶员车门扶手上的中控门锁系统按钮、用无线电遥控钥匙等方法操作。

如果驾驶员侧车门未关闭，则无法通过从车门侧使用车钥匙或遥控钥匙将车门闭锁。当车辆从车外闭锁后，若前排乘客侧车门、后排车门或行李厢门未关闭时，仅需将处于开启状态的车门或行李厢盖重新关闭即可完成闭锁。离开车辆前请检查所有车门车窗和天窗是否已被正确关闭。

9.4.3　中控门锁及防盗系统的实物部件

帕萨特领驭中控门锁及防盗系统的实物部件如图 9-20～图 9-25 所示。

模块9 车身电气附属设备的认识与使用

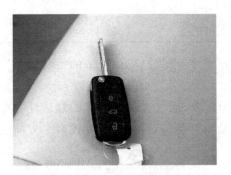

图 9-20 车外遥控钥匙

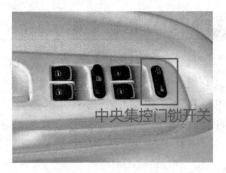

图 9-21 车内中控门锁开关

图 9-22 车门锁块

图 9-23 车门保险按钮

图 9-24 防盗指示灯

图 9-25 行李厢盖锁块

9.5 电动座椅的认识

学习目标

(1) 知道汽车电动座椅的功能;
(2) 知道汽车电动座椅的分类和组成;
(3) 认识汽车电动座椅的实物部件。

9.5.1 电动座椅的功能

为了提高驾驶员和乘客驾乘的舒适性和方便性，现代汽车由原来的手动调节座椅发展为具有电动调节功能的电动座椅。

电动座椅不仅满足了驾乘人员多种坐姿的需求，而且提高了乘坐的舒适性和操作的方便性，同时又提高了驾驶的安全性。电动座椅由开关进行控制，可完成多个方向的位置调节。

9.5.2 电动座椅的分类

（1）按照调节方式不同，座椅调节装置可以分为手动调节式和动力调节式。其中动力调节式按照动力源的不同又分为真空式、液压式和电动式3种。

（2）按照座椅电机的数目和调节方向的不同，电动座椅有六向电动调节、八向电动调节等。六向调节座椅可实现座椅的前后移动、前部和后部的升降。八向调节座椅不仅具有前后移动、前部和后部的升降，还具有靠背倾斜角度调节功能。

更先进的电动座椅功能更加完善，可具备侧背的支撑调节、腰部支撑调节、靠枕的上下前后调节、座椅加热等多项调节功能。一些高档汽车的电动座椅系统还具有记忆存储功能，能根据不同驾乘人员的坐姿，记忆座椅调节位置，从而方便地调整座椅。

9.5.3 电动座椅的组成

电动座椅由多个双向执行电动机、传动装置、电控系统和控制开关等组成。自动控制座椅的电控系统还可以实现记忆存储及自动控制调节功能。

9.5.4 电动座椅的实物部件

帕萨特领驭电动座椅的实物部件如图9-26～图9-29所示。

图9-26 电动座椅

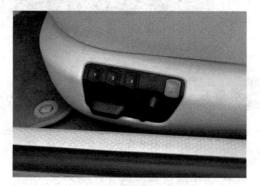

图9-27 电动座椅调整开关

图 9-28　座椅双向执行电机（高低）

图 9-29　座椅双向执行电机（倾斜）

9.6　技能实训：使用车身电气附属设备

1. 安全要求及注意事项

（1）不准赤脚或穿拖鞋、高跟鞋和裙子上课，留长发者要带工作帽。

（2）上课时要集中精神，不准说笑、打闹。

（3）进入汽车实训场地后，未经老师批准，不得动用实训车上的各项设备。

（4）实训时，未经老师批准，不准进入车厢内，防止汽车意外起动造成重大事故。

（5）严格按照操作规范操作车身电气附属设备。

（6）实习结束，关闭发动机舱盖前，应注意观察其他同学的情况，防止放下发动机舱盖压到同学的手。

（7）实习结束，整理清洁工具和场地。

2. 对设备、工具、耗材的要求

（1）设备：帕萨特领驭车辆。

（2）耗材：实训报告用纸、笔。

3. 风窗刮水及洗涤装置的使用

（1）间歇刮水

① 将刮水器拨杆向上拨一挡，如图 9-30 所示，雨刮器进行间歇刮水。

② 通过拨动开关，可以手动控制刮水间歇时间。如图 9-31 所示，开关向右移动，刮水间歇变短；如图 9-32 所示，开关向左移动，刮水间歇变长。

（2）慢速刮水

将刮水器拨杆向上拨两挡，如图 9-33 所示，雨刮器慢速刮水。

（3）快速刮水

将刮水器拨杆向上拨三挡，如图 9-34 所示，雨刮器快速刮水。

图 9-30　间歇挡位

图 9-31 间歇变短   图 9-32 间歇变长

 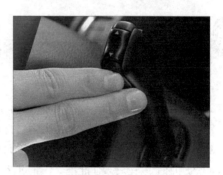

图 9-33 慢速挡位   图 9-34 快速挡位

（4）点动刮水

将风窗玻璃刮水器拨杆向下拨一挡,如图 9-35 所示,雨刮器点动刮水。

（5）自动刮水/洗涤功能的使用

向后搬动拨杆并保持,如图 9-36 所示,洗涤装置开始工作,稍后刮水器开始自动刮水/洗涤,如图 9-37 所示。松开拨杆,洗涤装置停止工作,雨刮器继续工作几秒钟。

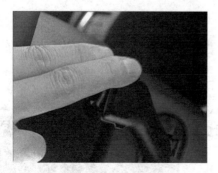 

图 9-35 点动挡位   图 9-36 自动刮水/洗涤挡位

（6）大灯洗涤功能的使用

在帕萨特领驭部分车型上,安装了大灯洗涤装置。当打开近光灯或远光灯时,如图 9-38 所示,持续向后搬动拨杆,并保持 1s 以上,如图 9-39 所示,将启动大灯清洗,如图 9-40 所示。

图9-37 风窗洗涤

图9-38 远光

图9-39 大灯清洗挡位

图9-40 大灯清洗

（7）雨量传感器

帕萨特领驭在部分车型上配置了先进的雨量传感器，如图9-41所示。在装备雨量传感器的汽车上，接通点火开关后，当间歇刮水功能打开时，刮水间隔时间由传感器根据雨量自动控制，如图9-42所示。

图9-41 雨量感应器

图9-42 自动刮水

4. 电动车窗及天窗的使用

1) 驾驶员侧的电动车窗开关的使用

现代轿车的电动车窗配置了人性化的舒适功能。驾驶员侧的电动车窗开关，位于驾驶员侧车门扶手，可以点动或自动控制车窗玻璃的升降，如图9-43所示。

（1）电动车窗玻璃升降开关①可以操作驾驶员侧车窗玻璃的升降。

(2) 电动车窗玻璃升降开关②可以操作前排乘员侧车窗玻璃的升降。

(3) 电动车窗玻璃升降开关④可以操作后排左侧车窗玻璃的升降。

(4) 电动车窗玻璃升降开关⑤可以操作后排右侧车窗玻璃的升降。

(5) 电动车窗安全开关③按下时,可以将后排车门侧的电动车窗玻璃升降开关功能关闭。再次按下,后排车门侧的车窗玻璃升降开关功能恢复。

2) 前排和后排车门上的开关的使用

前排乘客侧和后排的电动车窗玻璃升降开关位于各车门上,如图9-44所示。

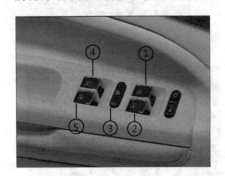

图9-43 驾驶员侧车窗开关

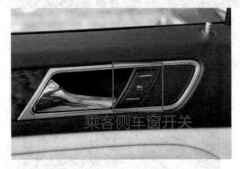

图9-44 乘客侧车窗开关

(1) 前排乘客侧车窗玻璃升降开关有点动升降和自动升降两种功能。

① 将车窗玻璃升降开关向上拉动到1挡,相应车窗玻璃点动上升。

② 将车窗玻璃升降开关向上拉动到2挡,相应车窗玻璃自动上升。

③ 将车窗玻璃升降开关下压至1挡,相应车窗玻璃点动下降。

④ 将车窗玻璃升降开关下压至2挡,相应车窗玻璃自动下降。

(2) 后排车窗玻璃升降开关只有点动升降功能。

① 下压后排车窗玻璃升降开关,相应车窗玻璃点动下降。

② 上拉后排车窗玻璃升降开关,相应车窗玻璃点动上升。

3) 电动车窗防夹功能的使用

配备有防夹功能的电动车窗玻璃升降器,在当车窗玻璃关闭过程中运动困难或受到阻碍时,车窗玻璃将停止上升并重新打开。车窗静止下来以后,前排车窗只有自动下降及点动上升功能,而防夹功能需恢复后才能工作。

当车窗玻璃因受到阻力而重新打开,应首先检查并排除附着在车窗上的异物,然后再恢复车窗玻璃的防夹功能。

4) 车窗玻璃自动上升及防夹功能的恢复的使用

在车窗玻璃自动上升及防夹功能失效后,可以将车窗玻璃升到顶并保持1s以上,从而恢复车窗玻璃自动上升及防夹功能。

5) 车窗玻璃升降电动机过热保护使用说明

若连续频繁升降车窗玻璃,车窗玻璃升降电动机过热保护将被激活。为防止玻璃升降电动机因过热而损坏,此时车窗玻璃升降功能将可能会暂时关闭一段时间,需等待功能恢复后才能再操作。

如果电动车窗升降器有故障,会通过车窗升降开关上的指示灯的闪烁指示出来。点火后,如果所有车门饰板内的照明部件闪烁大约15s,需将车辆送到上海大众汽车经销商处进行检查。

6) 天窗的使用

在点火开关打开状态下,可通过旋转开关打开或关闭天窗,天窗开关如图9-45所示。只要前排车门没有打开,天窗在点火开关关闭后约10min内仍可进行操作。

(1) 关闭天窗的方法:如果需要关闭天窗,将开关转到位置①处。天窗带有防夹功能,如果天窗在关闭过程中运动困难或在关闭过程中受到阻力停下,天窗会马上重新打开。

(2) 水平开启天窗的方法:将旋转开关沿顺时针方向转到目标位置,分级开启天窗。如果想将天窗完全开启,沿顺时针方向将开关继续往②处转动并保持直至天窗完全开启。在天窗完全开启状态下可能会带来过大的风噪。

图 9-45 天窗开关

(3) 倾斜开启天窗的方法:将旋转开关沿逆时针方向转到目标位置,天窗倾斜开启。在位置④天窗倾斜度达到最大。

(4) 从车外关闭天窗的方法:除通过旋转开关关闭天窗外,对于配有中控门锁的车型,还可以通过在驾驶员侧车门处对车辆进行闭锁操作来关闭天窗。具体方法是将钥匙保持在闭锁位置,直至天窗完全关闭。

5. 电动后视镜的使用

(1) 车外后视镜的调节

车外后视镜在点火开关打开的状态下可以由驾驶员侧车门上的旋钮进行调节,如图9-46所示。

图 9-46 车外后视镜开关

① 将旋钮转到位置L,通过拨动旋钮可以调节左侧车外后视镜,使驾驶员获得良好的向后视野,注意警告提示。

② 将旋钮转到位置R,通过拨动旋钮可以调节右侧车外后视镜,使驾驶员获得良好的向后视野,注意警告提示。

③ 将旋钮转到位置O,关闭车外后视镜调节功能。

(2) 外后视镜加热的使用

点火开关接通后,将旋钮转到位置 时,可加热车外后视镜,消除雨滴和水汽。

(3) 外后视镜翻折的使用

点火开关接通后,将旋钮转到 🔲 时,车外后视镜向内翻折,如图 9-47 所示。

(4) 车内后视镜防眩目的调节

① 车内后视镜手动调节(部分车型配置)。车内后视镜底部有一个调整杆。处于基本位置时,调整杆应指向前方。若需将后视镜调为防眩目状态,则应将该将调整杆往后拉,如图 9-48 所示。

图 9-47 车外后视镜翻折

图 9-48 调整杆

② 车内后视镜防眩目自动调节。帕萨特部分车型配置了车内防眩目后视镜,如图 9-49 所示。

开启自动防眩目功能:在点火开关打开的情况下,按下车内后视镜下方的按钮②,指示灯①亮起,车内后视镜将根据从后面射进车内的光线强度自动调整明暗,如图 9-50 所示。当选择倒挡或当自动变速箱的变速杆移至 R 挡位置时,车内后视镜防眩目功能将自动关闭。

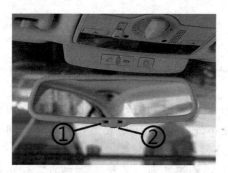

图 9-49 车内防眩目后视镜

图 9-50 防眩目开启

关闭自动防眩目功能:再次按下按钮②,指示灯①熄灭。

6. 中控门锁及防盗系统的使用

(1) 从车门侧使用车钥匙的方法

① 将钥匙插入钥匙孔中,如图 9-51 所示,向左方向旋转至解锁位置后松开,车门和行李厢盖解锁,车门保险按钮向上运动,转向灯闪烁两次。倘若钥匙保持在解锁位置,电动车窗自动开启。

② 将钥匙插入钥匙孔中,如图 9-52 所示,向右方向旋转到闭锁位置后松开,车门和行

李厢盖闭锁,车门保险按钮往下运动,转向灯闪烁一次。倘若钥匙保持在闭锁位置,电动车窗和天窗则自动关闭。

图 9-51　用车钥匙解锁

图 9-52　用车钥匙闭锁

(2) 驾驶员车门扶手上的中控门锁系统按钮的使用

① 按下车门上的保险按钮,可以将车门单独闭锁,如图 9-53 所示。只能从车内拉动两次内开扳手后,才能将车门打开,无法从车外打开。保险处于打开状态下,驾驶员侧车门上的保险按钮无法按下,这样可以防止驾驶员将自己锁在车外。

② 中控门锁按钮的操作。中控门锁按钮提供了由车内将车门和行李厢盖闭锁/解锁的功能,如图 9-54 所示。此按钮在点火开关关闭状态下仍然有效。但如果车辆从车外闭锁,该按钮将不再起作用。

图 9-53　按压车门保险按钮

图 9-54　中控门锁按钮

闭锁操作:按下闭锁按钮,如图 9-55 所示,车门和行李厢盖闭锁,无法从车外打开。车门用该按钮进行闭锁后,仍可从车内将车门单独开启。为此只要拉动两次内开扳手,即可打开车门。驾驶员侧车门处于打开状态时,无法通过该按钮闭锁。这样可以避免将自己锁在外面。

解锁操作:按下解锁按钮,如图 9-56 所示,车门和行李厢盖解锁。

(3) 用无线电遥控钥匙操作

借助无线电遥控钥匙可以远程实现车辆解锁和闭锁功能,如图 9-57 所示。使用无线电遥控钥匙进

图 9-55　用中控门锁系统按钮闭锁

行闭锁/解锁操作,会以两侧转向信号灯的短时闪烁来提示。遥控器内的电池电力减弱情况下会造成有效距离减小。只要按住解锁或闭锁按钮,钥匙柄上的指示灯就会闪烁。若该指示灯不再闪烁,表明电池中电力已用尽。建议前往上海大众汽车经销商处对电池进行检查或更换。

图 9-56　用中控门锁系统按钮解锁

图 9-57　无线电遥控钥匙

① 解锁操作:将钥匙指向车辆并短按解锁按钮,则车门和行李厢盖解锁,转向灯闪烁 2 次,保险按钮向上开启。

如果按下按钮,但在 30s 内没有打开车门或行李厢,车辆将再次自动上锁,此功能可防止车辆在无意中被解锁。

② 闭锁操作:将钥匙指向车辆并短按 1 次闭锁按钮,则车门和行李厢盖闭锁,转向灯闪烁 1 次,保险按钮向下闭锁。

进入车内,在钥匙插入点火开关前,请不要按下遥控钥匙上的闭锁按钮,以防止车辆被意外锁止。

③ 行李厢盖解锁:将钥匙指向车辆并按下按钮,行李厢盖解锁。

(4) 儿童安全门锁的使用

后排车门配备有儿童安全门锁。适时开启或关闭儿童安全门锁,对行车安全有一定的帮助。

① 开启儿童安全门锁。将钥匙插入如图 9-58 所示位置并沿箭头方向转动,儿童安全门锁开启。车门只能从车外打开,无法用车门内开扳手从车内打开车门。

② 解除儿童安全门锁。沿相反的方向转动钥匙,儿童安全门锁解除,如图 9-59 所示。车门既能从车内打开,又能从车外打开。

图 9-58　开启儿童安全门锁

图 9-59　解除儿童安全门锁

(5) 电子防盗系统的使用

电子防盗系统可以防止他人非法起动自己的汽车。在钥匙头部有一个芯片,当把合法的钥匙插入点火开关并打开点火开关后,它能自动识别并允许起动发动机。使用合法钥匙打开点火开关后,防盗系统关闭。

当前门锁芯或行李厢盖锁芯遭他人用非原配的钥匙插入锁芯非法操作后,虽然能使钥匙在锁芯内转动,但此时门锁或行李厢盖锁并不能被打开或锁上,这是因为此时门锁芯或行李厢盖锁锁芯内部的防盗机构开始起作用。如果用本车原配的钥匙插入锁芯后,至少转动180°后,再按正常的操作进行开启和关闭,前门锁芯或行李厢盖锁就可恢复功能,与未被非法操作前的功能一致。但由于锁芯已经遭受过非法操作,内部的零件可能已受到损坏。因此,一旦发现出现过上述情况,用户应到上海大众汽车经销商处进行前门锁芯或行李厢盖锁芯的调换,以确保车辆的使用安全。

7. 电动座椅的使用

帕萨特领驭配置了电动座椅,如图9-60所示。在驾驶前,正确调整好驾驶坐姿会使驾驶更加舒适和安全。利用开关A和B可以对座椅进行电动调整,转动手轮C可以对腰椎垫枕进行机械调整。

(1) 开关A的使用方法

如图9-61所示,沿箭头所指的各个方向按动开关A可进行座椅调整。

图9-60 电动座椅

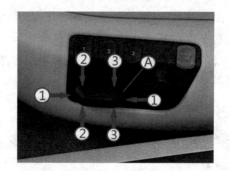
图9-61 开关A

① 按①方向操作,可以实现座椅向前/向后方向的调整。
② 按②方向操作,可以实现座椅前面向上/向下的调整。
③ 按③方向操作,可以实现座椅后面向上/向下的调整。
④ 按②和③同时同方向操作,可以实现座椅整体向上/向下调整。

(2) 开关B的使用

如图9-62所示,沿箭头所指的各个方向按动开关B进行座椅靠背的调整。

① 按①方向操作,可以实现靠背向后倾斜的调整。
② 按②方向操作,可以实现靠背向前倾斜的调整。

(3) 座椅调节位置记忆功能的使用

驾驶员座椅的记忆功能提供了记忆座椅和车外后视镜调节位置的可能性。最多允许3名驾驶员将他们各自的调节位置储存在开关D上。当更换驾驶员时,驾驶员座椅及外后视镜的调节位置可以通过开关 D 自动切换至所需位置。开关口如图 9-63 所示。

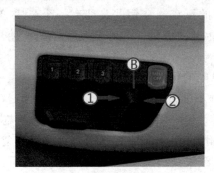

图 9-62　开关 B

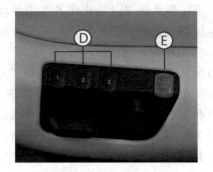

图 9-63　开关 D 和 E

在每个记忆开关上，可以记忆和调用。

① 驾驶员座椅调节位置。

② 正常驾驶时的左右车外后视镜位置。

③ 倒车时的右车外后视镜位置。

此外还可使用装有无线电遥控装置的钥匙调用某一记忆按钮的位置。可以随时使用开关 E 关闭记忆功能，此时座椅和外后视镜只能手动调节。

（4）开关 E 的使用

按下开关 E，记忆系统关闭。只能手动设定座椅和外后视镜位置。再按一次开关 E，记忆系统重新开启。

当出现紧急情况时，可以按下开关 E、按下某一记忆按钮或按下某一座椅调节开关中止调用程序。

练习与思考

1. 判断题（正确的打√，错误的打×）

（1）车窗控制开关分为主开关和分开关两种。一般主开关上带有锁止开关。（　　）

（2）电动天窗都具有防夹功能。（　　）

（3）要调节电动座椅，必须先打开点火开关。（　　）

（4）每个电动后视镜的背面都有 4 个电动机来实现后视镜的调整。（　　）

（5）电动后视镜的加热功能可以起到防雾的作用。（　　）

（6）车内后视镜还具有防止车后跟随车辆前照灯光线所引起的炫目的功能。（　　）

2. 选择题

（1）电动刮水器的间歇功能需要通过（　　）来实现。

　　A. 刮水器开关　　B. 间歇控制器　　C. 刮水电动机　　D. 点火开关

（2）在电动座椅中，一般一个电动机可完成座椅的（　　）个方向的调整。

A. 1　　　　　　B. 2　　　　　　C. 3　　　　　　D. 4

（3）对于帕萨特领驭车，当座椅调整至所需位置时，按住某一记忆按钮并保持（　　）秒，直到听见一声提示声确认该座椅位置已被记忆。

A. 1　　　　　　B. 2　　　　　　C. 3　　　　　　D. 4

（4）在电动后视镜中，一般一个电机可完成后视镜的（　　）个方向的调整。

A. 1　　　　　　B. 2　　　　　　C. 3　　　　　　D. 4

（5）带伸缩功能电动后视镜的背面都有（　　）个电动机驱动。

A. 1　　　　　　B. 2　　　　　　C. 3　　　　　　D. 4

（6）中控门锁系统有同时开启与锁止车门的功能，它的实现是由（　　）控制。

A. 门锁开关　　　B. 门控开关　　　C. 钥匙控制开关　　D. 中控门锁开关

3. 简答题

（1）简述帕萨特领驭车大灯洗涤功能的使用方法。

（2）简述帕萨特领驭车前排乘客和后排的电动车窗玻璃升降开关的使用方法。

（3）简述帕萨特领驭车天窗的使用方法。

（4）简述帕萨特领驭车儿童安全门锁的使用方法。

（5）简述帕萨特领驭车电动座椅的使用方法。

4. 知识拓展题

（1）哪些电气设备无须接通点火开关就能操作？为什么？

（2）风窗刮水及洗涤装置中的雨刮片在使用时的注意事项有哪些？

汽车认识与使用

作业单 9-1　使用风窗刮水及洗涤装置

姓名：_____　　班级：_____　　日期：_____

请根据作业图 9-1 用文字描述实现下列功能的操作方法。

作业图　9-1

（1）间歇刮水的操作：
_____

（2）慢速刮水的操作：
_____

（3）快速刮水的操作：
_____

（4）点动刮水的操作：
_____

（5）自动刮水/洗涤功能的操作：
_____

作业单 9-2 使用电动车窗及天窗

姓名：_____   班级：_____   日期：_____

1. 请根据作业图 9-2 描述操作各键实现的功能。

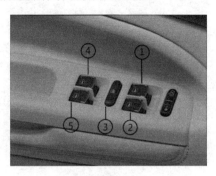

作业图 9-2

（1）按键①的功能：
_____

（2）按键②的功能：
_____

（3）按键③的功能：
_____

（4）按键④的功能：
_____

（5）按键⑤的功能：
_____

2. 请根据作业图 9-3 用文字描述实现下列功能的操作方法。

作业图 9-3

（1）关闭天窗的操作：

（2）分级开启天窗的操作：

（3）分级倾斜开启天窗的操作：

作业单 9-3　使用电动后视镜

姓名：_____　　班级：_____　　日期：_____

1. 请根据作业图 9-4 用文字描述实现下列功能的操作方法。

作业图　9-4

（1）左外后视镜的调节：
_____

（2）右外后视镜的调节：
_____

（3）电动后视镜加热功能的操作：
_____

（4）电动后视镜翻折功能的操作：
_____

2. 请根据作业图 9-5 用文字描述实现车内后视镜防眩目功能的操作方法。

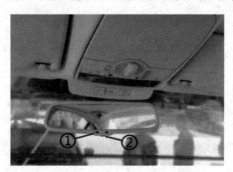

作业图　9-5

车内后视镜防眩目功能的操作：
_____
_____

作业单 9-4　使用中控门锁及防盗系统

姓名：_____　　班级：_____　　日期：_____

请根据作业图 9-6 用文字描述实现下列功能的操作方法。

作业图　9-6

用无线电遥控钥匙操作：

（1）解锁操作

_____

（2）闭锁操作

_____

（3）行李厢盖解锁

_____

作业单 9-5 使用电动座椅

姓名：_____ 班级：_____ 日期：_____

1. 请根据作业图 9-7 用文字描述实现下列功能的操作方法。

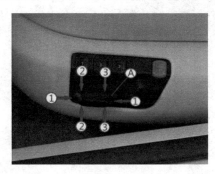

作业图 9-7

电动座椅开关 A 的使用：
（1）座椅水平向前/向后的调节
_____
_____

（2）座椅向上/向下的调节
_____
_____

2. 请根据作业图 9-8 用文字描述下列功能的操作方法。

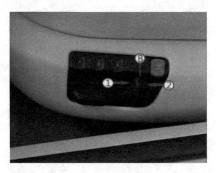

作业图 9-8

电动座椅开关 B 的使用：
（1）靠背向前倾斜的调节
_____
_____

(2) 靠背向后倾斜的调节

参 考 文 献

[1] 夏英慧,初宏伟.汽车使用与保养[M].北京:北京理工大学出版社,2011.
[2] 刘彦成,张吉国.汽车使用[M].北京:北京大学出版社,2011.
[3] 王和平.汽车认识与使用[M].上海:同济大学出版社,2013.
[4] 吴荣辉.汽车概论[M].上海:同济大学出版社,2012.
[5] 毛彩云,柯志鹏.汽车使用与维护[M].北京:人民交通出版社,2012.